राजभाषा विविधा

वाणी प्रकाशन
21-ए, दरियागंज, नयी दिल्ली-110002
फोन: 23273167, 23275710, फैक्स: 23275710
e-mail : vani_prakashan@yahoo.com
vani_prakashan@mantraonline.com

राजभाषा विविधा

डॉ. माणिक मृगेश

एम.ए., एम.फिल. (हिन्दी भाषा विज्ञान)

एल.एल.बी., पीएच. डी.

वाणी प्रकाशन

वाणी प्रकाशन

'लोगो' वाणी प्रकाशन : मक़बूल फ़िदा हुसेन

वाणी प्रकाशन, 4695, 21-ए, दरियागंज, नयी दिल्ली-110002

वाणी प्रकाशन, अशोक राजपथ (पटना कॉलेज के सामने), पटना (बिहार)

RAJVHASHA VIVIDHA

by **: Dr. Manik Mrigesh**

Linguistic

ISBN : 81-7055-260-5

संस्करण : 1996

आवृत्ति 2010

मूल्य : 250.00/-

वाणी प्रकाशन

फोन : 0091#11#23273167, फोन व फैक्स 23275710

वेबसाइट : www.vaniprakashan.in

ई-मेल : vaniprakashan@gmail.com

आर.टेक. ऑफसेट प्रेस, शाहदरा, दिल्ली-110095 में मुद्रित

गुरुवर
स्वर्गीय भोलानाथ तिवारी जी
को सादर समर्पित

लेखकीय

राष्ट्रपति के अध्यादेश 1960 के अनुसार केन्द्र सरकार के अधीन आने वाले मन्त्रालयों, विभागों, सरकारी संस्थानों, निकायों व निगमों के कार्यालयों में सेवारत सभी कर्मचारियों (वर्ग 'घ' व कुछ मामलों में ऑपरेटिंग स्टाफ को छोड़कर) को हिन्दी का कार्यसाधक ज्ञान होना आवश्यक है। जिन कर्मचारियों को हिन्दी का कार्यसाधक ज्ञान नहीं होता उन्हें सरकार, संबंधित निगम/निकाय कार्यालय समय में अपने खर्चे पर हिन्दी का कार्यसाधक ज्ञान कराने की व्यवस्था करता है। केन्द्र सरकार राजभाषा विभाग ने इस बात को मद्देनजर रखते हुए अलग से एक हिन्दी शिक्षण योजना का सूत्रपात किया है, जिसके तहत ऐसे कर्मचारियों को जिन्हें हिन्दी का कार्यसाधक ज्ञान नहीं होता—हिन्दी प्रबोध, प्रवीण व प्राज्ञ कक्षाओं तक हिन्दी की शिक्षा दी जाती है। तीनों परीक्षाएँ उत्तीर्ण करने पर एक कर्मचारी हिन्दी के क्षेत्र में कार्यसाधक ज्ञान प्राप्त कर्मचारी हो जाता है। इस योजना के कार्यान्वयन के लिए केन्द्र सरकार ने बड़े-बड़े नगरों में हिन्दी प्राध्यापक नियुक्त किए हैं। सरकारी प्रतिष्ठानों ने अपनी अलग-अलग व्यवस्थाएँ की हैं। ऑपरेटिंग स्टाफ के लिए पत्राचार पढ़ाई की भी व्यवस्था है। इन कक्षाओं के पाठ्यक्रम की अवधि पाँच महीने होती है। वर्ष में दो बार मई व नवम्बर में परीक्षाएँ होती हैं। जिन कर्मचारियों को हिन्दी का कार्यसाधक ज्ञान प्राप्त है या जो इन कक्षाओं के माध्यम से हिन्दी का कार्यसाधक ज्ञान प्राप्त कर लेते हैं, उनको हिन्दी में नोटिंग ड्राफ्टिंग की जानकारी कराने के लिए हिन्दी कार्यशालाओं का आयोजन किया जाता है।

चूंकि अब तक हमारा सरकारी कामकाज अंग्रेजी में होता रहा है। अत: हम अंग्रेजी में कार्य करने के आदी हो गए हैं। हिन्दी अच्छी तरह जानते हुए भी अभ्यास न होने के कारण हम अपना पत्राचार हिन्दी में नहीं कर पाते। हिन्दी कार्यशालाओं के माध्यम से कर्मचारियों को नोटिंग ड्राफ्टिंग लिखने की विधि का समुचित अभ्यास कराया जाता है। कर्मचारियों को मानसिक तौर पर हिन्दी

में कार्य करने के लिए प्रोत्साहित कराया जाता है। नोटिंग ड्राफ्टिंग के अलावा इन कार्यशालाओं में हिन्दी की उत्पत्ति व विकास, लिपि व अंकों की जानकारी, अनुवाद प्रक्रिया, तार-लेखन व हिन्दी वर्तनी की आम भूलों के सम्बन्ध में जानकारी दी जाती है। प्रस्तुत पुस्तक हिन्दी कार्यशालाओं में दिए जाने वाले लगभग सभी विषयों पर जानकारी प्रस्तुत करने में समर्थ होगी।

—माणिक मृगेश

भूमिका

प्रस्तुत पुस्तक 'राजभाषा विविधा' आपको हस्तगत करते हुए हर्ष हो रहा है। कार्यशालाओं से संबंधित विभिन्न विषयों पर जानकारी देने के लिए बाजार में काफी पुस्तकें उपलब्ध हैं, मगर उनमें से अधिकांशतः केन्द्र सरकार के कार्यालयों के कामकाज को ध्यान में रखते हुए लिखी गई हैं। सरकारी प्रतिष्ठानों व केन्द्र सरकार के कार्यालयों के दफ्तरी कामकाज में अतंर है, इसलिए ये पुस्तकें सरकारी प्रतिष्ठानों के कर्मचारियों की जरूरतों को पूरा नहीं करती हैं। इस बात को ध्यान में रखते हुए विभिन्न सरकारी प्रतिष्ठानों के हिन्दी अनुभागों द्वारा अपने-अपने प्रतिष्ठान के कामकाज से सम्बन्धित पुस्तिकाएँ जारी होती रही हैं, इन पुस्तिकाओं में अधिकांशतः शब्दावली होती है।

प्रस्तुत पुस्तक बाजार में उपलब्ध अन्य सभी पुस्तकों से थोड़ी सी अलग है। अलग इस मायने में कि दैनिक कामकाज में प्रयुक्त होने वाली अभिव्यक्तियाँ तो इसमें दी गई हैं साथ में पत्राचार से जुड़े विभिन्न विषयों पर मौलिक रूप से लेख भी लिखे गए हैं। भाषा-नीति संबंधी जानकारी राजभाषा विभाग द्वारा जारी नियमों-उपनियमों से संगृहीत है। लिपि संबंधी चार्ट व भाषा विज्ञान संबंधी लेखों के लिखने में मैंने अपने गुरु सुप्रसिद्ध भाषाविद स्वर्गीय डा० भोलानाथ तिवारी की पुस्तकों—हिन्दी भाषा व राजभाषा से सहायता ली है जिसके लिए मैं उनका हमेशा ऋणी रहूँगा।

प्रस्तुत पुस्तिका को मुख्यतः तीन भागों में विभक्त किया गया है—

(क) राजभाषा सम्बन्धी लेख,

(ख) पत्र व टिप्पण लेखन व अभ्यास,

(ग) शब्दावली व नेमी अभिव्यक्तियाँ।

विभिन्न पत्रों के दिए गए नमूनों में जो नाम व स्थान आए हैं काल्पनिक माने जा सकते हैं।

यह पुस्तिका पुस्तकाकार रूप में प्रकाशित हो रही है इसकी पृष्ठभूमि में इंडियन ऑयल, गुजरात रिफाइनरी के मुख्य कार्मिक व प्रशा० प्रबन्धक श्री बी० के० मित्तल की भूमिका उल्लेखनीय रही है।

वाणी प्रकाशन का मैं आभारी हूँ कि उन्होंने इसे प्रकाशित कर जहाँ एक ओर राजभाषा के प्रचार प्रसार में महत्त्वपूर्ण योगदान दिया है वहीं मुझ जैसे लेखक को भी एक अवसर प्रदान किया है।

पुन: मैं सुधी व्याख्याताओं व हिन्दी से जुड़े कोटि-कोटि प्रेमियों से विनम्र प्रार्थना करता हूँ कि यदि इसमें कुछ तथ्य संबंधी भूलें रह गई हों तो उन्हें अन्यथा न लेते हुए मेरा ध्यान आकृष्ट करें ताकि अगला संस्करण यदि कभी प्रकाशित हुआ तो इन्हें दूर किया जा सके। इस पुस्तक को आपकी सेवा में अर्पित करता हूँ।

सादर,

—माणिक मृगेश

रूपरेखा

हिंदी की उत्पत्ति व विकास

भाषाविदों के अनुसार शब्द "हिंदी" की उत्पत्ति शब्द "सिंधु" से हुई है सिंधु शब्द जब अरब गया तो वहाँ स का ह और ध का द उच्चारण करने के कारण यह शब्द हिंदु बन गया हिंदु से ही हिंदी और हिंदुस्तान बने। उधर जब यह सिंधु शब्द ग्रीक पहुँचा तो ग्रीक में स को इ और ध को ड उच्चारण करने पर यह इंडु बना और इंडु से इंडीक होता हुआ शब्द "इंडिया" बना जो कि नितांत भारतीय शब्द है। हिंदी की उत्पत्ति सन 1000 ई. के लगभग हुई, कुछ लोग विद्यापति कुछ अमीर खुसरो और कुछ पृथ्वीराज रासो के प्रणेता चंदर बरदाई को हिंदी का पहला कवि मानते हैं।

हिंदी – बिरवा (भाषा परिवार)

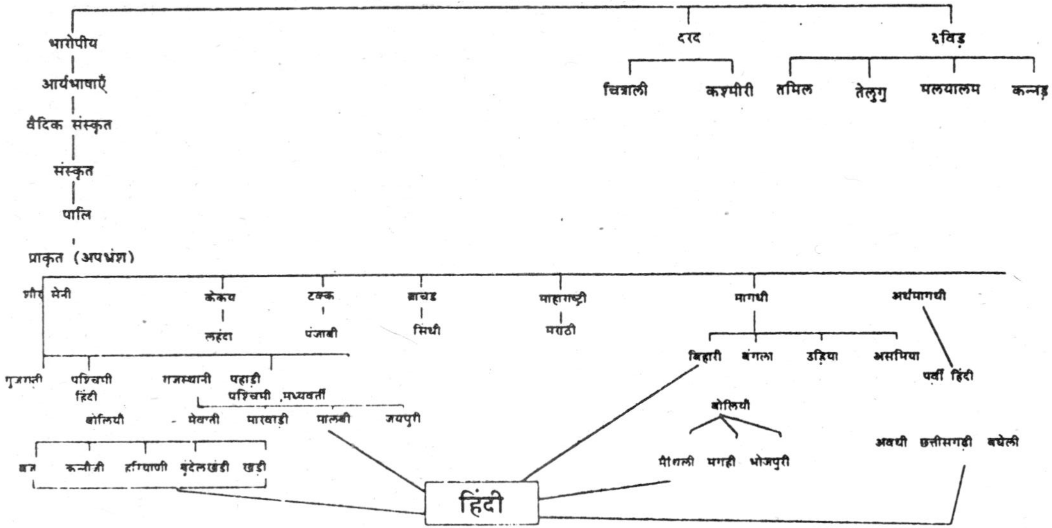

देवनागरी लिपि

पाणिनि की अष्टाध्यायी के अनुसार हमारे यहाँ लिपि का विकास लगभग ईसापूर्व 5 वीं सदी में हुआ। भारत में प्राचीन लिपियाँ दो मिलती हैं, ब्राह्मी, खरोष्ठी । खरोष्ठी लिपि विदेशी थी जो कि उर्दू की तरह दाएँ से बाएँ लिखी जाती थी। देवनागरी लिपिका विकास ब्राह्मी लिपि से हुआ है। यह लिपि ईसा पूर्व 5 वीं सदी से 350 ई. तक प्रयोग होती रही। इसके बाद इससे दो शैलियों–उत्तरी और दक्षिणी शैली का विकास हुआ। उत्तरी शैली से चौथी सदी में गुप्त लिपि, गुप्तलिपि से छठी लिपि में कुटिल लिपि, कुटिल लिपि से 5 वीं सदी के लगभग प्राचीन नागरी का विकास हुआ। प्राचीन नागरी से आधुनिक नागरी, गुजराती महाजनी, राजस्थानी, कैथी, मैथिली, असमिया, बंगला आदि लिपियाँ विकसित हुईं चार्ट से इसे आसानी से समझा जा सकता है –

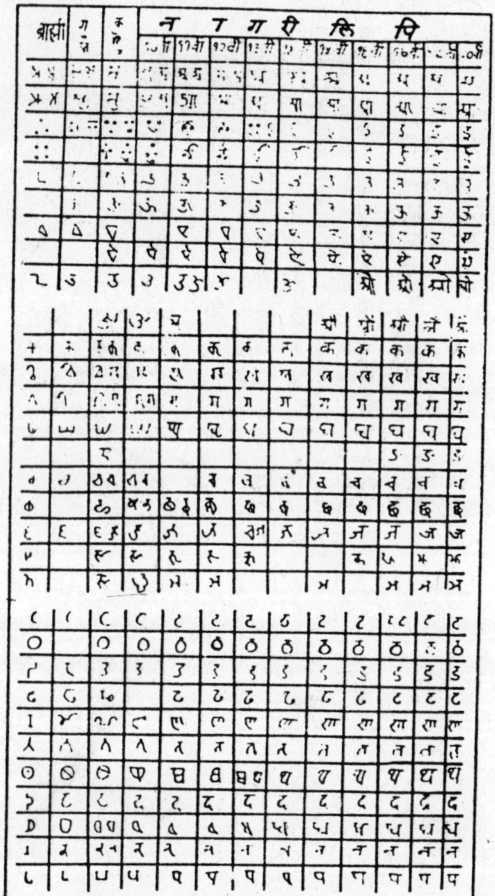

गुजराती - देवनागरी वर्णमाला

અ	अ	આ	आ	ઇ	इ	ઈ	ई	ઉ	उ
ઊ	ऊ	ઋ	ऋ	એ	ए	ઐ	ऐ	ઓ	ओ
		ઔ	औ	અં	अं	અઃ	अः		
ક	क	ખ	ख	ગ	ग	ઘ	घ	ઙ	ङ
ચ	च	છ	छ	જ	ज	ઝ	झ	ઞ	ञ
ટ	ट	ઠ	ठ	ડ	ड	ઢ	ढ	ણ	ण
ત	त	થ	थ	દ	द	ધ	ध	ન	न
પ	प	ફ	फ	બ	ब	ભ	भ	મ	म
ય	य	ર	र	લ	ल	વ	व	શ	श
ષ	ष	સ	स	હ	ह	ળ	ळ	ક્ષ	क्ष
		ત્ર	त्र	જ્ઞ	ज्ञ				

पंजाबी(गुरुमुखी) देवनागरी वर्णमाला

ਅ	अ	ਆ	आ	ਇ	इ	ਈ	ई	ਉ	उ
ਊ	ऊ	ਰੀ	ऋ	ਏ	ए	ਐ	ऐ	ਓ	ओ
		ਔ	औ	ਅਂ	अं	ਅਃ	अः		
ਕ	क	ਖ	ख	ਗ	ग	ਘ	घ	ਙ	ङ
ਚ	च	ਛ	छ	ਜ	ज	ਝ	झ	ਞ	ञ
ਟ	ट	ਠ	ठ	ਡ	ड	ਢ	ढ	ਣ	ण
ਤ	त	ਥ	थ	ਦ	द	ਧ	ध	ਨ	न
ਪ	प	ਫ	फ	ਬ	ब	ਭ	भ	ਮ	म
ਯ	य	ਰ	र	ਲ	ल	ਵ	व	ਸ਼	श
		ਸ	स	ਹ	ह				

उड़िया - देवनागरी वर्णमाला

ଅ	अ	ଆ	आ	ଇ	इ	ଈ	ई	ଉ	उ
ଊ	ऊ	ଋ	ऋ	ଏ	ए	ଐ	ऐ	ଓ	ओ
		ଔ	औ	ଅଂ	अं	ଅଃ	अः		
କ	क	ଖ	ख	ଗ	ग	ଘ	घ	ଙ	ङ
ଚ	च	ଛ	छ	ଜ	ज	ଝ	झ	ଞ	ञ
ଟ	ट	ଠ	ठ	ଡ	ड	ଢ	ढ	ଣ	ण
ତ	त	ଥ	थ	ଦ	द	ଧ	ध	ନ	न
ପ	प	ଫ	फ	ବ	ब	ଭ	भ	ମ	म
ଯ	य	ର	र	ଳ	ळ	ଲ	ल	ଵ	व
ଶ	श	ଷ	ष	ସ	स	ହ	ह	କ୍ଷ	क्ष
		ଡ଼	ड़			ଢ଼	ढ़		

बंगला - देवनागरी वर्णमाला

অ	अ	আ	आ	ই	इ	ঈ	ई	উ	उ
ঊ	ऊ	ঋ	ऋ	ঌ	ऌ	এ	ए	ঐ	ऐ
		ও	ओ	ঔ	औ	অং	अं	আঃ	अः
ক	क	খ	ख	গ	ग	ঘ	घ	ঙ	ङ
চ	च	ছ	छ	জ	ज	ঝ	झ	ঞ	ञ
ট	ट	ঠ	ठ	ড	ड	ঢ	ढ	ণ	ण
ত	त	থ	थ	দ	द	ধ	ध	ন	न
প	प	ফ	फ	ব	ब	ভ	भ	ম	म
য	य	র	र	ল	ल	ব	व	শ	श
ষ	ष	স	स	হ	ह	ক্ষ	क्ष	জ্ঞ	ज्ञ
শ্র	श्र	ড়	ड़	ঢ়	ढ़	ৎ	त्	য়	य

असमिया-देवनागरी वर्णमाला

অ	अ	আ	आ	ই	इ	ঈ	ई	উ	उ
ঊ	ऊ	ঋ	ऋ	ঌ	ऌ	এ	ए	ঐ	ऐ
ও	आ	ঔ	ओ	ঔ	अं.	অঃ	अः		
ক	क	খ	ख	গ	ग	ঘ	घ	ঙ	ङ
চ	च	ছ	छ	জ	ज	ঝ	झ	ঞ	ञ
ট	ट	ঠ	ठ	ড	ड	ঢ	ढ	ণ	ण
ত	त	থ	थ	দ	द	ধ	ध	ন	न
প	प	ফ	फ	ব	ब	ভ	भ	ম	म
য	य	ৰ	र	ল	ल	ৱ	व	শ	श
ষ	ष	স	स	হ	ह	ক্ষ	क्ष	জ্ঞ	ज्ञ
শ্ৰ	श्र	ড়	ड़	ঢ়	ढ़	ৎ	त	য়	य

उर्दू-देवनागरी वर्णमाला

ट	ٹ	त	ت	प	پ	ब	ب	अ	ا
ख़	خ	ह़	ح	च	چ	ज	ج	स	ث
ड़	ڑ	र	ر	ज़	ذ	ड	ڈ	द	د
स	ص	श	ش	स	س	झ़	ژ	ज़	ز
ग़	غ	अ	ع	ज़	ظ	त	ط	ज़	ض
ल	ل	ग	گ	क	ک	क़	ق	फ़	ف
य	ی	ह	ہ	व	و	न	ن	म	م
				य	ے				
झ	جھ	ठ	ٹھ	थ	تھ	फ	پھ	भ	بھ
ख	کھ	ढ़	ڑھ	ढ	ڈھ	ध	دھ	छ	چھ
आ	آ	उ	اُ	इ	اِ	अ	اَ	घ	گھ

कश्मीरी - देवनागरी वर्णमाला

ई ی इ ِ आ آ अ َ ॲ ٲ अ ٚ

ऑ ۄ ॵ ٍ ऊ ٗو उ ُ ऊ़ ۆ ऊ़ ٝ

ई़ ێ ए ے ऐ ٚے

छ چھ च چ ग گ ख کھ क ک

ट ٹ ज़ ز छ़ ژھ च़ ژ ज ج

द د थ تھ त ت ड ڈ ठ ٹھ

म م ब ب फ پھ प پ न ن

व و ल ل र ر य ے य ی

ह ہ स س श ش

मलयालम - देवनागरी वर्णमाला

അ अ ആ आ ഇ इ ഈ ई ഉ उ

ഊ ऊ ഋ ऋ ൠ ॠ ഌ ऌ ൡ ॡ

എ ऎ ഏ ए ഐ ऐ ഒ ऒ ഓ ओ

ഔ औ അം अं അഃ अः

ക क ഖ ख ഗ ग ഘ घ ങ ङ

ച च ഛ छ ജ ज ഝ झ ഞ ञ

ട ट ഠ ठ ഡ ड ഢ ढ ണ ण

ത त ഥ थ ദ द ധ ध ന न

പ प ഫ फ ബ ब ഭ भ മ म

യ य ര र ല ल വ व ശ श

ഷ ष സ स ഹ ह ള ळ ക്ഷ क्ष

ഴ ऴ റ ऱ ററ ऱ्ऱ

तमिल-देवनागरी वर्णमाला

அ	अ	ஆ	आ	இ	इ	ஈ	ई
உ	उ	ஊ	ऊ	எ	ऎ	ஏ	ए
ஐ	ऐ	ஒ	ऒ	ஓ	ओ	ஔ	औ
			ஃ	अक्			
க	क	ங	ङ	ச	च	ஞ	ञ
ட	ट	ண	ण	த	त	ந	न
ப	प	ம	म	ய	य	ர	र
ல	ल	வ	व	ழ	ऴ	ள	ल
ற	ऱ	ன	ऩ	ஷ	ष	ஸ	स
	ஹ	ह	ஜ	ज	க்ஷ	क्ष	

कन्नड़- देवनागरी वर्णमाला

ಅ	अ	ಆ	आ	ಇ	इ	ಈ	ई	ಉ	उ
ಊ	ऊ	ಋ	ऋ	ೠ	ॠ	ಎ	ऎ	ಏ	ए
ಐ	ऐ	ಒ	ऒ	ಓ	ओ	ಔ	औ	ಅಂ	अं
				ಅಃ	अः				
ಕ	क	ಖ	ख	ಗ	ग	ಘ	घ	ಙ	ङ
ಚ	च	ಛ	छ	ಜ	ज	ಝ	झ	ಞ	ञ
ಟ	ट	ಠ	ठ	ಡ	ड	ಢ	ढ	ಣ	ण
ತ	त	ಥ	थ	ದ	द	ಧ	ध	ನ	न
ಪ	प	ಫ	फ	ಬ	ब	ಭ	भ	ಮ	म
ಯ	य	ರ	र	ಲ	ल	ವ	व	ಶ	श
ಷ	ष	ಸ	स	ಹ		ಕ್ಷ	क्ष	ಳ	ळ

तेलुगु - देवनागरी वर्णमाला

అ	अ	ఆ	आ	ఇ	इ	ఈ	ई	ఉ	उ
ఊ	ऊ	ఋ	ऋ	ౠ	ॠ	ఌ	ऌ	ౡ	ॡ
ఎ	ऎ	ఏ	ए	ఐ	ऐ	ఒ	ऒ	ఓ	ओ
		ఔ	औ	అం	अं	అః	अः		
క	क	ఖ	ख	గ	ग	ఘ	घ	ఙ	ङ
చ	च	ఛ	छ	జ	ज	ఝ	झ	ఞ	ञ
ట	ट	ఠ	ठ	డ	ड	ఢ	ढ	ణ	ण
త	त	థ	थ	ద	द	ధ	ध	న	न
ప	प	ఫ	फ	బ	ब	భ	भ	మ	म
య	य	ర	र	ల	ल	వ	व	శ	श
ష	ष	స	स	హ	ह	క్ష	क्ष	ఱ	ऱ
				ళ	ळ				

मानक हिन्दी वर्णमाला

स्वर	अ आ इ ई उ ऊ ऋ
	ए ऐ ओ औ अं अः
मात्राएँ	ा ि ी ु ू ृ े ै ो ौ ं ः
व्यंजन	क ख ग घ ङ
	च छ ज झ ञ
	ट ठ ड ढ ण ड़ ढ़
	त थ द ध न
	प फ ब भ म
	य र ल व ळ
	श ष स ह
संयुक्त व्यंजन :	क्ष त्र ज्ञ श्र
अंक देवनागरी :	१ २ ३ ४ ५
	६ ७ ८ ९ ०
अंतर्राष्ट्रीय अंक	1 2 3 4 5
	6 7 8 9 0

संघ की भाषा नीति

1. संघ की राजभाषा

संविधान के अनुच्छेद 343 (1) के अनुसार देवनागरी लिपि में लिखित हिन्दी संघ की राजभाषा है। तथापि, अनुच्छेद 343 (2) के अनुसार संविधान के लागू होने के समय से 15 वर्ष की अवधि तक अर्थात् 26 जनवरी, 1965 तक, संघ के सभी सरकारी कार्यों के लिए पहले की भांति अंग्रेजी का प्रयोग जारी रखने की व्यवस्था की गई। यह भी अनुबन्ध किया गया कि इस अवधि में भी अर्थात 1965 के पहले भी राष्ट्रपति आदेश द्वारा किसी काम के लिए अंग्रेजी के साथ-साथ हिन्दी के प्रयोग की अनुमति दे सकते हैं। अनुच्छेद 343 (3) में संसद को यह अधिकार दिया गया है कि वह अधिनियम पास करके 1965 के बाद भी सरकारी कामकाज में अंग्रेजी का प्रयोग जारी रखने के लिए व्यवस्था कर सकती है। राजभाषा अधिनियम, 1963 इसी परिप्रेक्ष्य में पारित किया गया है।

1. राजभाषा अधिनियम

सन् 1955 में गठित हुए राजभाषा आयोग की रिपोर्ट तथा उस पर विचार करके संसदीय समिति की रिपोर्ट के आधार पर 1963 में जो राजभाषा अधिनियम बना और जिसका संशोधन 1967 में हुआ, उसके कुछ मुख्य उपबन्ध इस प्रकार हैं—

(1) अधिनियम के अनुसार (क) संघ के उन सभी सरकारी प्रयोजनों के लिए, जिनके लिए 26 जनवरी, 1965 से पूर्व अंग्रेजी का प्रयोग किया जा रहा था, और (ख) संसद में कार्य निष्पादन के लिए, 26 जनवरी, 1965 के बाद भी हिन्दी के अतिरिक्त अंग्रेजी का प्रयोग जारी रखा जा सकेगा।

(2) केन्द्रीय सरकार और हिन्दी को राजभाषा के रूप में न अपनाने वाले किसी राज्य के बीच पत्राचार अंग्रेजी में होगा, बशर्ते उस राज्य ने इसके लिए हिन्दी के प्रयोग को स्वीकार न किया हो।

(3) केन्द्रीय सरकार के कार्यालयों आदि के बीच पत्र व्यवहार के लिए हिन्दी अथवा अंग्रेजी का प्रयोग किया जा सकता है लेकिन जब तक सम्बन्धित

कार्यालयों आदि के कर्मचारी हिन्दी का कार्यसाधक ज्ञान प्राप्त न कर लें, तब तक पत्र का दूसरी भाषा में अनुवाद उपलब्ध कराया जाता रहेगा।

(4) राजभाषा अधिनियम की धारा 3(3) के अनुसार निम्नलिखित राजपत्रों के लिए हिन्दी और अंग्रेजी दोनों का प्रयोग अनिवार्य है—

1. संकल्प
2. सामान्य आदेश
3. नियम
4. अधिसूचनाएँ
5. प्रशासनिक तथा अन्य रिपोर्टें
6. प्रेस विज्ञप्तियां
7. संसद के किसी सदन या सदनों के समक्ष रखी जाने वाली प्रशासनिक तथा अन्य रिपोर्टें
8. संसद के समक्ष प्रस्तुत किए जाने वाले सरकारी कागज-पत्र
9. संविदाएँ
10. करार
11. अनुज्ञप्तियां (लाइसेंस)
12. अनुज्ञा पत्र (परमिट)
13. टेंडर नोटिस
14. टेंडर फार्म।

(5) राजभाषा अधिनियम की धारा 4 में 26 जनवरी, 1975 के बाद, एक संसदीय राजभाषा समिति के गठन का प्रावधान किया गया है। इस समिति में 20 लोक सभा और 10 राज्य सभा के सदस्य होंगे। यह समिति संघ के सरकारी प्रयोजनों के लिए हिन्दी के प्रयोग में हुई प्रगति की जांच करेगी। समिति अपना प्रतिवेदन राष्ट्रपति को प्रस्तुत करेगी।

2. राजभाषा सम्बन्धी सरकारी संकल्प

दिसम्बर 1967 में संसद के दोनों सदनों ने भाषा नीति के सम्बन्ध में एक सरकारी संकल्प पारित किया था, जिसे 18 जनवरी, 1968 को अधिसूचित किया गया। इस संकल्प के अनुसार केन्द्रीय सरकार हिन्दी के प्रसार तथा विकास और संघ के विभिन्न सरकारी प्रयोजनों के लिए उसके क्रमिक प्रयोग में तेजी लाने के लिए एक अधिक गहन और विस्तृत कार्यक्रम तैयार करेगी और उसको कार्यान्वित करेगी। केन्द्रीय सरकार इस सम्बन्ध में लिए गए उपायों तथा उसमें हुई प्रगति का ब्यौरा देते हुए एक वार्षिक मूल्यांकन रिपोर्ट भी संसद के दोनों सदनों के सभापटल पर प्रस्तुत करेगी।

3. राजभाषा नीति और केन्द्रीय सरकार के उपक्रम

राजभाषा अधिनियम की धारा 3(2) और 3(3) में केन्द्रीय सरकार के उपक्रमों और नियमों पर भी इनके लागू होने का उल्लेख किया गया है। कहीं-कहीं यह गलतफहमी थी कि राजभाषा अधिनियम के केवल उपर्युक्त उपबन्ध ही सरकारी उपक्रमों पर लागू होते हैं और सरकार की पूरी राजभाषा नीति उन पर लागू नहीं होती। इस गलतफहमी को हिन्दी भाषी क्षेत्रों में स्थित सरकारी उपक्रमों के प्रतिनिधियों की 3 मई, 1976 की हुई बैठक में दूर कर दिया गया

था। इस बैठक में इस बात पर बल दिया गया कि केन्द्रीय सरकार की राजभाषा नीति सरकारी उपक्रमों पर भी पूरी तरह लागू होती है, इसलिए वे इसके अनुपालन के लिए कार्यवाही करें। राजभाषा नियम 1976 में यह बात बिलकुल स्पष्ट कर दी गई है।

4. राजभाषा अधिनियम की धारा 8(2) के अधीन बनाए गए नियम

सरकारी कामकाज में हिन्दी के प्रगामी प्रयोग की दिशा में, राजभाषा अधिनियम 1963 की धारा 8(2) के अधीन वर्ष 1976 में नियमों का जारी किया जाना एक महत्त्वपूर्ण कदम रहा। इन नियमों की कुछ महत्त्वपूर्ण व्यवस्थाएँ इस प्रकार हैं—

(क) केन्द्रीय सरकार के कार्यालयों से "क" क्षेत्र में स्थित राज्यों (उत्तर प्रदेश, मध्य प्रदेश, बिहार, हरियाणा, राजस्थान, हिमाचल प्रदेश राज्य और संघ शासित क्षेत्र दिल्ली व अंडमान निकोबार) को या ऐसे राज्यों में किसी अन्य कार्यालय या व्यक्ति को भेजे जाने वाले पत्र आदि हिन्दी में भेजे जाएँगे। यदि किसी खास परिस्थिति में इन्हें कोई पत्र अंग्रेजी में भेजा जाता है, तो उसका हिन्दी अनुवाद भी साथ भेजा जाएगा।

(ख) केन्द्रीय सरकार के कार्यालयों से "ख" क्षेत्र में स्थित राज्यों (पंजाब, गुजरात और महाराष्ट्र राज्य तथा चण्डीगढ़ शासित क्षेत्र) के प्रशासनों को भेजे जाने वाले पत्र आदि सामान्यत: हिन्दी में भेजे जाएँगे। यदि उन्हें कोई पत्र अंग्रेजी में भेजा जाता है तो उसका हिन्दी अनुवाद भी साथ भेजा जाएगा तथापि इन राज्यों में रहने वाले किसी व्यक्ति को भेजे जाने वाले पत्रादि हिन्दी या अंग्रेजी किसी भी भाषा में भेजे जा सकते हैं।

(ग) केन्द्रीय सरकार के कार्यालयों से "ग" क्षेत्र में स्थित राज्यों ("क" एवं "ख" क्षेत्र में शामिल नहीं किए गए सभी राज्य और संघ शासित क्षेत्र) के किसी कार्यालय या व्यक्ति को पत्रादि अंग्रेजी में भेजे जाएँगे। इन राज्यों में स्थित केन्द्रीय सरकार के कार्यालयों से "क" अथवा "ख" क्षेत्र की सरकारों, उनके कार्यालयों, आदि को भेजे जाने वाले पत्रादि हिन्दी अथवा अंग्रेजी किसी भी भाषा में हो सकते हैं।

(घ) केन्द्रीय सरकार के एक मन्त्रालय या विभाग और दूसरे मन्त्रालय/विभाग के बीच पत्र व्यवहार हिन्दी या अंग्रेजी में हो सकता है। केन्द्रीय सरकार के किसी मन्त्रालय/विभाग और "क" क्षेत्र स्थित, सम्बद्ध और अधीनस्थ कार्यालयों के बीच होने वाला पत्र व्यवहार सरकार द्वारा निर्धारित अनुपात में हिन्दी में होगा। यह अनुपात हिन्दी सम्बन्धी वार्षिक कार्यक्रम में निर्धारित किया गया है। इसमें धीरे-धीरे वृद्धि की जाती रही है। "क" क्षेत्र में स्थित केन्द्रीय सरकार

के सम्बद्ध एवं अधीनस्थ कार्यालयों के बीच सभी पत्र व्यवहार हिन्दी में ही किए जाने का प्रावधान है।

(ङ) हिन्दी में प्राप्त पत्रादि के उत्तर अनिवार्य रूप से हिन्दी में ही दिए जाएँगे। हिन्दी या हिन्दी में हस्ताक्षर किए गए आवेदनों, अपीलों या अभ्यावेदनों के उत्तर भी हिन्दी में दिए जाएँगे।

(च) राजभाषा अधिनियम, 1963 की धारा 3(3) में निर्दिष्ट सभी दस्तावेजों के लिए हिन्दी और अंग्रेजी, दोनों भाषाओं का प्रयोग किया जाएगा और इसे सुनिश्चित करने की जिम्मेदारी ऐसे दस्तावेजों पर हस्ताक्षर करने वाले अधिकारी की होगी।

(छ) केन्द्रीय सरकार का कोई कर्मचारी फाइलों में हिन्दी या अंग्रेजी में टिप्पणी या प्रारूप लिख सकता है और उससे यह अपेक्षा नहीं की जाएगी कि वह उसका अनुवाद दूसरी भाषा में प्रस्तुत करे।

(ज) केन्द्रीय सरकार के कार्यालयों से सम्बन्धित सभी मैनुअल, संहिताएँ और अन्य प्रक्रिया साहित्य, हिन्दी और अंग्रेजी दोनों में, द्विभाषिक रूप में तैयार किए जाएँगे। सभी फार्म, रजिस्टरों के शीर्ष, नामपट्ट, स्टेशनरी, आदि अन्य मदें भी हिन्दी और अंग्रेजी में द्विभाषिक रूप में होंगी।

(झ) जिन कार्यालयों के 80 प्रतिशत या उससे अधिक कर्मचारियों को हिन्दी का कार्यसाधक ज्ञान है, उन्हें राजपत्र में अधिसूचित किया जाएगा। इस प्रकार अधिसूचित कार्यालयों को विनिर्दिष्ट (स्पेसीफाइड) करके उनमें काम करने वाले हिन्दी में प्रवीण कर्मचारियों को नोटिंग, ड्राफ्टिंग और अन्य विनिर्दिष्ट कामों के लिए केवल हिन्दी का इस्तेमाल करने के लिए कहा जा सकता है।

(ञ) ये नियम 1976 तमिलनाडु राज्य पर लागू नहीं होंगे।

(ट) प्रत्येक कार्यालय के प्रशासनिक प्रधान का यह उत्तरदायित्व होगा कि वह राजभाषा अधिनियम और उसके अधीन बने नियमों का समुचित रूप से अनुपालन सुनिश्चित करे।

5. अनुपालन की कार्यवाही

इन नियमों के अनुपालन को सुनिश्चित करने की कोशिश जारी रही है। इसके लिए आवश्यक प्रशासनिक प्रबन्ध हेतु हिन्दी टाइपराइटरों की व्यवस्था करने, अहिन्दी भाषी कर्मचारियों को हिन्दी प्रशिक्षण देने के लिए लगातार कार्यवाही की जा रही है।

उपर्युक्त विवरण से स्पष्ट है कि केन्द्रीय सरकार की बराबर यह नीति रही है कि हिन्दी को संघ की राजभाषा के रूप में प्रतिष्ठित करने के लिए समुचित कार्यवाही की जाए। साथ ही, सरकार ने यह सुनिश्चित करने के लिए भी कदम उठाए हैं कि अंग्रेजी के प्रयोग के बारे में जो कानूनी व्यवस्था है उसका पूरा

अनुपालन किया जाए ताकि अहिन्दी-भाषी राज्यों और व्यक्तियों को किसी प्रकार की असुविधा न हो।

2. संसद में प्रयुक्त होने वाली भाषा

संसद की कार्यवाही हिन्दी या अंग्रेजी में चल सकती है। कोई भी सांसद संसद के अन्दर अपनी मातृभाषा में प्रश्न पूछ सकता है। संसद द्वारा पारित अधिनियम, नियम, उपविधि एवं राष्ट्रपति द्वारा जारी अध्यादेशों का हिन्दी अनुवाद शासकीय राजपत्र में प्रकाशित किया जाएगा जो कि उसका प्राधिकृत पाठ माना जाएगा।

3. विधान मण्डलों प्रयुक्त होने वाली भाषा

कोई भी विधान सभा अपनी कार्यवाही अपनी प्रान्तीय भाषा में चला सकती है। कोई भी विधायक अपनी मातृभाषा में प्रश्न पूछ सकता है। कोई भी विधान मण्डल अपनी विधान सभा में अपनी प्रान्तीय भाषा में, विधेयक, नियम उपनियम पारित कर सकता है, लेकिन वहाँ के राज्यपाल के प्राधिकार से उसका हिन्दी और अंग्रेजी अनुवाद भी वहाँ के शासकीय पत्र में प्रकाशित किया जाएगा। हिन्दी अनुवाद प्राधिकृत पाठ माना जाएगा। (जम्मू-कश्मीर पर यह उपबन्ध लागू नहीं है)।

4. न्यायलय की भाषा

उच्चतम न्यायालय की भाषा जब तक कोई और व्यवस्था नहीं होती है अंग्रेजी रहेगी। उच्च न्यायालय अपने यहां की कार्यवाही अपनी प्रान्तीय भाषाओं में चला सकते हैं। लेकिन इनके द्वारा दिए गए निर्णय आदि का अंग्रेजी अनुवाद भी निकाला जाएगा। (यह उपबन्ध भी जम्मू-कश्मीर पर लागू नहीं है)।

5. राजभाषा अंक

अंकों की प्राचीन शैली का प्रयोग अशोक से चौथी सदी तक था। इस शैली के अंक नवीन शैली से नहीं मिलते थे साथ ही तब तक शून्य (0) का विकास नहीं हुआ था अतः यह शैली व्यवहार्य नहीं थी।

नवीन शैली—नवीन शैली का प्रयोग 5वीं सदी से होने की सम्भावना है। शून्य की देन अंकीय जगत को हमारी है। भारत से नवीन शैली अरबों ने सीखी और फिर पूरे यूरोप में इसका प्रचलन हो गया। इस प्रकार हमारी देवनागरी वाले अंक १, २, ३, ४, ५, ६, ७, ८, ६, १० अन्तर्राष्ट्रीय अंक हो गए और इनका ही संशोधित रूप अब पूरे संसार में चल रहा है। इसलिए भारतीय संविधान ने राजभाषा अंक के रूप में भारतीय अंकों के अन्तर्राष्ट्रीय स्वरूप वाले इन अंकों को ही मान्यता दी है—1, 2, 3, 4, 5, 6, 7, 8, 9, 10.

राजभाषा का क्रमिक विकास

'भाषा' ध्वनि प्रतीकों की वह यादृच्छिक व्यवस्था है जिसके माध्यम से एक भाषाई समाज के लोग आपस में विचार विनिमय करते हैं। उदाहरणार्थ —'कमल' इस शब्द में 6 प्रतीक (ध्वनियां) हैं। अगर भाषाई समाज शुरूआत में इन 6 ध्वनियों से किसी अन्य शब्द की परिकल्पबा करता तो कर सकता था और वह उसी का वाचक होती।

भाषा परिवार—इस समय संसार में लगभग 6000 भाषाएं बोली जाती हैं और कुल मिलाकर 13 या 14 भाषा परिवार हैं, भारत में दो भाषा परिवारो की भाषाएँ बोली जाती हैं। भारोपीय और द्रविड़। द्रविड़ से दक्षिण भारत की तमिल, तेलुगु, मलयालम और कन्नड़ का विकास हुआ। भारोपीय से वैदिक संस्कृत, वैदिक संस्कृत से पाली और प्राकृत होते हुए भी अपभ्रंश से हिन्दी का विकास हुआ। भाषाविदों का मत है कि आर्य दक्षिण रूस से हमारे यहाँ ईसा से 1500 वर्ष पूर्व आए और अपने साथ वैदिक संस्कृत लाए। वैदिक संस्कृत में वेद, उपनिषद आरण्यक और ब्राह्मण ग्रंथ लिखे गए। हर काल में हर भाषा के दो रूप हुआ करते हैं—नागरीय (शिष्ट) और लौकिक (देशी)। वैदिक संस्कृत जब व्याकरणिक नियमों से ज्यादा बद्ध हो गई तो लोगों का उससे मोह भंग होने लगा और लौकिकभाषा संस्कृत (संस्कारों से युक्त) में साहित्य रचा जाने लगा और यह साहित्य चूंकि जन बोली में था। अत: बहुत लोकप्रिय हुआ। यह साहित्य था वाल्मीकि कृत रामायण, वेद व्यास कृत महाभारत, भास भी इसी काल के कवि हैं। जब संस्कृत ज्यादा क्लिष्ट हो गई तो देशी भाषा पालि में साहित्य रचा जाने लगा और गौतम बुद्ध ने इसी जनभाषा पालि में अपना धर्म प्रचार किया। धम्म पद और जातक कथाएँ लिखीं। पालि का भी वही हुआ जो वैदिक संस्कृत और संस्कृत का हुआ। पालि के बाद प्राकृत और अपभ्रंश से ही बोलियाँ भाषा के रूप में विकसित हुई, अपभ्रंश लगभग 1000 ईसवी के पूर्व हिन्दी का विकास हुआ। हिन्दी के भी आज दो रूप हैं—एक जनभाषा और एक शिष्ट यानी साहित्य की भाषा। जैसा कि हमने पहले कहा कि साहित्य हमेशा वही लोकप्रिय होता है जो जन भाषा में लिखा जाता है। गोस्वामी तुलसीदास

कृत 'रामचरितमानस' और सूरदास कृत 'सूरसागर' इसके जीते जागते उदाहरण हैं। इस प्रकार हिन्दी का विकास शौरसेनी, मागधी और अर्धमागधी अपभ्रंशों से हुआ।

हिन्दी की वर्तमान स्थिति

राजभाषा की परिकल्पना—जब देश आजाद हुआ तो उस समय एक राष्ट्र और एक ध्वज के समानांतर एक राष्ट्रभाषा का प्रश्न भी सामने आया। जिस पर गम्भीरता से विचार किया गया। कुछ विद्वानों का मत था कि हिन्दी को राष्ट्रभाषा का दर्जा दे दिया जाए, मगर इसके विपक्ष में कुछ बातें सामने आईं कि जिस प्रकार बंगाल, कर्नाटक, उड़ीसा आदि प्रांत भारत संघ के अविभाज्य अंग बन गए हैं तो उनकी भाषाएँ राष्ट्रीय भाषा कहलाने की अधिकारिणी क्यों नहीं है ? अत: संविधान की आठवीं अनुसूची में 15 भाषाओं को राष्ट्रीय भाषा के रूप में उल्लखित किया गया। ये भाषाएँ हैं :

हिन्दी, संस्कृत, उर्दू, पंजाबी, मराठी, गुजराती, उड़िया, बंगला, कन्नड़, तेलुगु, तमिल, मलयालम, असमिया, कश्मीरी, सिंधी (सभी राष्ट्रीय भाषाएँ)।

अब प्रश्न उठा कि सरकार का कामकाज किस भाषा में किया जाए। क्या अंग्रेजी ही चलती रहे ?

अध्ययन करने के बाद, शिक्षाशास्त्री इस निष्कर्ष पर पहुँचे कि अभी हमारे देश में कोई भी एक भाषा उस रूप में विकसित नहीं है जो वह राजभाषा के रूप निरपेक्ष (स्वतन्त्र) काम कर सके। लेकिन विदेशी भाषा को भी तो राजभाषा के रूप में नहीं अपनाया जा सकता।

अत: भारतीय संविधान के 17वें अनुच्छेद में "राजभाषा" नामक अध्याय जोड़ा गया और हिन्दी को धारा 343 में जिसकी लिपि देवनागरी होगी, राजभाषा के रूप में अंगीकार किया गया और अंकों के मामले में भारतीय अंकों के अन्तर्राष्ट्रीय रूप 1,2,3,4,5,6,7,8,9,10 को अपनाया गया।

संविधान में यह व्यवस्था की गई कि संविधान लागू होने के 15 वर्ष तक अंग्रेजी "सह राजभाषा" के रूप में हिन्दी के साथ-साथ चलती रहेगी लेकिन देश का दुर्भाग्य रहा कि 15 साल व्यतीत होने पर सन् 1965 में इस अवधि को समाप्त नहीं किया गया है। राजभाषा का स्वरूप—संविधान के अनुच्छेद 351 में यह कहा गया कि हिन्दी का प्रसार वृद्धि करना, उसका विकास करना ताकि वह भारत की सामाजिक संस्कृति के सब तत्त्वों की अभिव्यक्ति का माध्यम हो सके तथा उसकी आत्मीयता में हस्तक्षेप किए बिना हिन्दुस्तानी और अष्टम अनुसूची में उल्लिखित अन्य भाषाओं के रूप, शैली और पदावली को आत्मसात करते हुए तथा जहाँ तक आवश्यक या वांछनीय हो, वहाँ उसके शब्द भंडार के

लिए मुख्यत: संस्कृत से तथा गौणत: अन्य भाषाओं के शब्द ग्रहण करते हुए उसकी समृद्धि सुनिश्चित करना संघ का कर्तव्य होगा।

राजभाषा का विकास—1950 के बाद 1952 व 1960 में राष्ट्रपति ने अध्यादेश जारी कर राजभाषा हिन्दी के प्रयोग को कुछ क्षेत्रों में अनिवार्य बनाया तथा शिक्षा मंत्रालय को एकरूपता लाने के लिए मानक शब्दकोश बनाने की जिम्मेदारी भी सौंपी। इसके अलावा, केन्द्र सरकार के सभी कर्मचारियों के लिए हिन्दी का कार्यसाधक ज्ञान होना अनिवार्य कर दिया। तथा टाइपिस्टों व स्टेनो-ग्राफरों को भी हिन्दी टाइपिंग व आशुलिपि का प्रशिक्षण दिलवासा अनिवार्य कर दिया।

1963 में राजभाषा अधिनियम (यथा संशोधित 1967) तथा 1976 में राजभाषा नियम पारित किए गए।

इस समय हमारे देश में हिन्दी की तीन—शैलियाँ प्रचलित हैं :

1. संस्कृत निष्ठ शैली, 2. उर्दू निष्ठ शैली और 3. अंग्रेजी निष्ठ शैली। इसके अलावा देश में, बम्बइया, कलकत्तिया, हैदराबादी एवं द० प्रान्तों की हिन्दी की अलग-अलग शैलियाँ और हैं। कलकत्तिया हिन्दी में बंगला शब्दों की अधिकता है, तो हैदराबादी में उर्दू शब्दों की। दक्षिण प्रांतों की हिन्दी शैली अपनी-अपनी प्रांतीय भाषाओं के अनुरूप है।

राजभाषा हिन्दी की प्रयुक्तियाँ—संविधान लागू होने के बाद राजभाषा के विकास में निरन्तर तेजी आई है, और इस समय देश में, राजभाषा हिन्दी की निम्नलिखित प्रयुक्तियाँ देखने को मिलती हैं—

(1) केन्द्र सरकार की राजाभाषा प्रयुक्ति।

(2) प्रांत सरकार की राजभाषा प्रयुक्ति।

केन्द्र सरकार ने स्वतंत्रता प्राप्ति के बाद राजभाषा के सम्बन्ध में मानक शब्दकोशों का निर्माण किया है। प्रान्तीय सरकारों ने भी, जिनमें मुख्यत: बिहार, म० प्र०, उ० प्र० सम्मिलित हैं, अपने यहाँ से राजभाषा के प्रयोग के सम्बन्ध में शब्दावलियाँ प्रकाशित कराई हैं।

चूंकि हिन्दी एक विशाल भू-भाग की भाषा है अत: इसकी सभी प्रयुक्तियों की शब्दावलियों में काफी असमानता है। एक ही शब्द की विभिन्न वर्तनियाँ हमें पढ़ने को मिलती हैं। यथा—जनरल मैनेजर शब्द के लिए राज्य सरकार सामान्य प्रबन्धक का प्रयोग करती है, तो केन्द्र सरकार महाप्रबंधक का। इसी प्रकार शब्द एग्जीक्यूटिव के लिए कई शब्द प्रचलित हैं। यथा कार्यपालक, कार्यकारी और अधिशासी। अत: एक प्रांत की राजभाषा दूसरे प्रांत की समझ में नहीं आ पाती इसके लिए केन्द्र सरकार को चाहिए कि वह इस सम्बन्ध में पहल करे और वह पूरे देश में प्रचलित शब्दों को लेकर एक मानक वर्तनी

निर्धारित करे। इस सम्बन्ध में निम्न बातें कही जा सकती हैं—

(क) जो शब्द स्वीकृत किया जाए, उसे अर्थ की दृष्टि से अधिकाधिक उचित होना चाहिए।

(ख) उसे हिन्दी प्रदेश में अपेक्षाकृत अधिक प्रचलित होना चाहिए।

(ग) प्रयोग की दृष्टि से उसे ऐसा होना चाहिए कि अटपटा न लगे।

(घ) उसे ऐसा होना चाहिए कि अपेक्षित होने पर उससे नए शब्द सरलता से बनाए जा सकें।

(ङ) बहुत अच्छा हो कि वह शब्द ऐसा हो जो सभी भारतीय भाषाओं में भी चलने लायक हो।

कुछ भी सही, केन्द्र की हो या राज्य की, "राजभाषा" हिन्दी, हिन्दी की एक अलग प्रयुक्ति है और इसकी अपनी कुछ विशेषताएँ हैं, जो इसे अन्य प्रयुक्तियों से अलगाती हैं, जो संक्षेप में निम्न हैं—

(1) राजभाषा की अपनी एक अलग पारिभाषिक शब्दावली है जो कि अन्य प्रयुक्तियों में प्रयुक्त नहीं होती—

निविदा, प्रशासकीय, प्राधिकरण आदि।

(2) शब्द रचना—जहाँ हिन्दी में शब्द रचना केवल समस्रोतीय घटकों से ही होती हैं, वहाँ राजभाषा हिन्दी में विषम घटकों से भी शब्द बनाए जा सकते हैं और बनाए गए भी हैं। यथा—

उप जिला मजिस्ट्रेट=संस्कृत+मराठी+अंग्रेजी

सूचना ब्यूरो=हिन्दी+अंग्रेजी

रोजगार अधिकारी=उर्दू+हिन्दी

राजभाषा की शैली—इसकी कोई निर्धारित शैली नहीं है। राजभाषा से तात्पर्य बोलचाल की आम भाषा से है। इसका मुख्य उद्देश्य—कथन का संप्रेषण है। किसी न किसी प्रकार जो हम हम कहना चाहते हैं और जिसके लिए कहना चाहते हैं, वह समझे बस। अतः देखा गया है कि राजभाषा में आगत संस्कृत देशज एवं विदेशी शब्दों का प्रयोग धड़ल्ले से किया जा रहा है। एक शब्द के 3-3 शब्द प्रचलित हैं लेक्चर, भाषण, तकरीर, पाठशाला, स्कूल, मदरसा।

हिन्दीकरण—राजभापा अंग्रेजी शब्दों का हिन्दीकरण भी कर रही है। यथा—

हास्पीटल से हस्पताल से अस्पताल

ट्रेजेडी से त्रासदी

कोमेडी से कामदी

ऐकेडमी से अकादमी

इस प्रकार, हम देखते कि अभी तक न तो राजभाषा का और न ही राजभाषा की शब्दावली का कोई मानक या सार्वमान्य रूप हमारे सामने आ पाया है ।

इस दिशा में केन्द्र सरकार काफी प्रयास कर रही है और आशा की जाती है कि शीघ्र ही इस दिशा में समुचित प्रगति हो सकेगी ।

भाषा-सर्वेक्षण

आज से करीब 42,000 वर्ष पूर्व प्रथम बोली के विकास के प्रमाण मिलते हैं।

पूरे विश्व में 6000 से अधिक भाषाएँ व बोलियाँ बोली जाती हैं।

पूरे विश्व में सबसे अधिक लोगों द्वारा बोली जाने वाली भाषा चीनी भाषा (मैंडारिन भाषा) है जो 60 करोड़ लोगों द्वारा बोली जाती है।

इस चीनी भाषा को ही विश्व की प्राचीनतम भाषा होने का गौरव प्राप्त है। यह 6000 वर्ष पुरानी भाषा है। शेन्सी प्रांत में सियान के नजदीक पाये गए 6000 वर्ष पुराने बर्तनों पर यह भाषा मिली है।

विश्व में सबसे ज्यादा विस्तार अंग्रेजी भाषा का ही हुआ है। इसमें करीब 40 लाख 90 हजार शब्द हैं पर शायद ही कभी 60 हजार से ज्यादा शब्द आम इस्तेमाल में आते हैं।

विश्व में सिर्फ 13 भाषाएँ हैं जिनका प्रयोग 6 करोड़ से ज्यादा लोग करते हैं। क्रम अनुसार भाषाएँ व उनके बोलने वाले निम्न हैं: रूसी (20 करोड़), स्पेनिश (16.5 करोड़), हिन्दी (15.30 करोड़), जापानी (10 करोड़), जर्मन (10 करोड़), बंगाली (6 करोड़), अरबी (9 करोड़), पुर्तगाली (9 करोड़), फ्रेंच (7.5 करोड़), इटालियन (5.5 करोड़), व इंडोनेशियन (5 करोड़)।

विश्व की सबसे जटिल भाषा उत्तरी अमरीका की रेड इण्डियन लोगों की 'चिपवे' भाषा समझी जाती है जिसमें 600 क्रिया रूप हैं।

हमारे देश में 15 भाषाएँ संविधान से स्वीकृत हैं, जिन्हें राजकीय स्तर पर मान्यता है—हिन्दी, असमिया, बंगला, गुजराती, कन्नड़, कश्मीरी, मलयालम, मराठी, उड़िया, पंजाबी, संस्कृत, सिंधी, तमिल, तेलुगु और उर्दू।

भारतीय साहित्य की राष्ट्रीय अकादमी (साहित्य अकादमी) ने इन 15 भाषाओं के साथ-साथ 6 और भाषाओं को भी मान्यता दे रखी है जिनके नाम हैं—राजस्थानी, मणिपुरी, डोंगरी, कोंकणी, मैथिली, और नेपाली।

भारत में करीब 600 भाषाएँ बोली जाती हैं पर अगर हर प्रकार की बोली को भी गिना जाए तो वे 1662 भाषाएँ व बोलियाँ हैं जो विश्व में सबसे अधिक हैं।

भारत की कुल 1662 भाषाएँ व बोलियों में केवल 33 ही ऐसी हैं जिनमें से प्रत्येक का प्रयोग 10 लाख से अधिक लोग करते हैं।

भाषा विशेषज्ञों के अनुसार सारी भारतीय भाषाओं में संस्कृत सबसे प्राचीन भाषा है। प्राचीन भाषाओं की सूची में दूसरा स्थान तमिल भाषा का है।

उर्दू भाषा सबसे नई भाषा है जिसका इतिहास सिर्फ 600 वर्ष पुराना है।

देश में भाषाएँ व उनके बोलने वालों का प्रतिशत निम्न है—हिन्दी (38 प्रतिशत), तेलुगु (9 प्रतिशत), बंगला (8 प्रतिशत), मराठी (8 प्रतिशत), तमिल (6 प्रतिशत), उर्दू (6 प्रतिशत) गुजराती (4 प्रतिशत), कन्नड़ (4 प्रतिशत), पंजाबी, उड़िया, मलयालम (क्रमशः 3-3 प्रतिशत)।

हिन्दी : राष्ट्रभाषा या राजभाषा

कवींद्र रवींद्र के अनुसार भारत एक महामानवेर समुद्र है जहां अनेक जातियां और भाषाएं हैं। भारत की सभी भाषाओं का सम्बन्ध दो भाषा परिवारों—द्रविड़ और भारोपीय से है। द्रविड़ परिवार से दक्षिण भारत की तमिल, तेलुगु, मलयालम और कन्नड़ आदि का विकास हुआ है और भारोपीय परिवार से आर्य भाषाओं का। आर्यभाषा के रूप में वैदिक संस्कृत पहली भाषा है। वैदिक संस्कृत से संस्कृत, संस्कृत से पालि और पालि से प्राकृत का विकास हुआ। प्राकृत काल में सात उपभ्रंशों—ब्राचड, कैकेय, लहंदा, टंक्क, महाराष्ट्री, शौरसेनी, अर्धमागधी और मागधी का जन्म हुआ। इन्हीं से उत्तर भारत की सभी भाषाओं क्रमशः ब्राचड से लहंदा, टंक्क से पंजाबी, महाराष्ट्री से मराठी, शौरसेनी से गुजराती, राजस्थानी से पश्चिमी हिन्दी पहाड़ी, अर्धमागधी से पूर्वी हिन्दी, मागधी से बिहारी, बंगला, असमी और उड़िया का विकास हुआ।

इस प्रकार आज जिसे हम हिन्दी कहते हैं वह पश्चिमी हिन्दी, पूर्वी हिन्दी, राजस्थानी, मागधी, अर्धमागधी एवं पहाड़ी हिन्दी का मिलाजुला रूप है जिसमें कि वर्तमान में 17 या 18 बोलियाँ ब्रज, अवधी, हरियाणी, बुंदेलखण्डी, कौरवी, कन्नौजी, बघेली, छत्तीसगढ़ी, भोजपुरी, मैथिली, मगही, निमाड़ी, मालवी, मेवाती, मारवाड़ी, कुमायूंनी व गढ़वाली आदि के रूप मिलते हैं।

15 अगस्त, 1947 को जब हमारा देश स्वतन्त्र हुआ तब एक ध्वज, एक संविधान, एक राष्ट्रगान के समानांतर एक भाषा की बात सामने आई और भारत संघ की 'राष्ट्रभाषा' क्या हो, इस पर संविधान सभा में चर्चा हुई। अधिकांश सदस्यों का मत था कि हिन्दी को भारत संघ की राष्ट्रभाषा घोषित कर दिया जाना चाहिए लेकिन इसके विरोध में कुछ स्वर सुनाई दिए। लोगों ने कहा कि जिस प्रकार भारत में रहने वाला प्रत्येक नागरिक भारतीय है उसी प्रकार भारत के अंदर बोली जाने वाली प्रत्येक भाषा भारतीय भाषा है और दूसरे शब्दों में राष्ट्रभाषा। अब चूंकि भारत में बोली जाने वाली भाषाएं-उपभाषाएं काफी हैं। अतः हर एक को राष्ट्रभाषा नहीं बनाया जा सकता था। इस विवाद से बचने के लिए भारत के संविधान में किसी भी भाषा को राष्ट्र-

भाषा का दर्जा न देकर हिन्दी को राजभाषा (ऑफिशियल लेंग्वेज) का दर्जा दिया गया और लिपि के रूप में देवनागरी लिपि स्वीकार की गई। यह राजभाषा सम्बन्धी अध्याय 14 सितम्बर, 1949 को संविधान के अन्तर्गत जोड़ा गया। अतः 14 सितम्बर का दिन पूरे देश में प्रतिवर्ष राजभाषा दिवस के रूप में मनाया जाता है। अन्य भाषा-भाषियों को ऐसा न लगे कि उनकी भाषा के साथ पक्षपात किया गया है। अतः संविधान की आठवी अनुसूची में हिन्दी के साथ-साथ 14 अन्य भाषाओं को प्रमुख यानी कि राष्ट्रीय भाषा के रूप में सूचीबद्ध किया गया। ये भाषाएँ हैं—संस्कृत, उर्दू, सिंधी, पंजाबी, बंगला, असमिया, तमिल तेलुगु, मलयालम, कन्नड़, उड़िया, मराठी, गुजराती व कश्मीरी।

इस प्रकार आज जो पूरे देश में हिन्दी की स्थिति है वह इस प्रकार है कि हिन्दी भारत संघ यानी कि केन्द्र सरकार के मंत्रालयों, विभागों, अधीनस्थ कार्यालयों, केन्द्र सरकार के अधीन आने वाले निगमों, निकायों, उपक्रमों की राजभाषा है। संविधान की आठवीं अनुसूची में दर्ज पंद्रह राष्ट्रीय भाषा में से एक है और 6 प्रांतों—उ.प्र., म.प्र., राजस्थान, बिहार, हरियाणा, हिमाचल प्रदेश व केन्द्र शासित प्रदेशों दिल्ली व अंडमान निकोबार की राजभाषा यानी कि स्टेट लेंग्वेज हैं और समूचे देश की संपर्क भाषा के रूप में दिनों-दिन फलती फूलती जा रही है।

अब प्रश्न यह है कि देश की राष्ट्रभाषा कौन-सी है और यदि अभी कोई नहीं तो कौन-सी भाषा राष्ट्रभाषा के रूप में स्वीकारी जा सकती है।

राष्ट्रभाषा उस भाषा को कहेंगे जो समूचे राष्ट्र में संविधान जैसी लागू हो सके, पूरे देश का कामकाज़ और शिक्षण जिस भाषा में हो सके। इस रूप में हम देखते हैं तो इस समय भारत में वैज्ञानिक तौर पर कोई भी एक भाषा ऐसी नहीं है जिसके माध्यम से समूचे देश का कामकाज होता हो, प्रांतों में अपनी अलग भाषाएँ हैं। वहाँ का सरकारी कामकाज प्रांतीय भाषाओं में होता है। हाँ, केन्द्र सरकार के कार्यालयों की भाषा के रूप में हिन्दी को राजभाषा के रूप में अवश्य स्वीकार किया गया है।

अतः वैज्ञानिक तौर पर कोई भी भाषा वर्तमान में राष्ट्रभाषा नहीं है। अब हम वैज्ञानिक यानी कि सरकारी पक्ष अलग रखकर लोक पक्ष की बात करते हैं तो पाते हैं कि हिन्दी राष्ट्रभाषा रही है और है। हिन्दी विगत से ही वह भाषा है जिसने अंग्रेजी शासन के खिलाफ वातावरण बनाने में एक महत्त्वपूर्ण भूमिका निभाई। भारतेन्दु हरिश्चंद का गीत "बाबू मैं लाया मजेदार चना जोर गरम" किसको याद नहीं है। मराठी विद्वान वैशंपायन ने कहा कि देश की सर्वांगीण उन्नति में राष्ट्रभाषा का पद यही भाषा प्राप्त कर सकती है जिसमें उच्च-

शिक्षण, विज्ञान की परिभाषा, व्यापार की व्यापकता, एक सामान्य भारतीय होने की क्षमता, समस्त भारतीय भाषाओं की शब्दावली से एकरूपता, अखंडता, लिखने और व्यापक समसूत्रता, सुनने-बोलने, समझने लिखने में सिर्फ सरल ही हमारी रागात्मक प्रियता भी प्राप्त करती हो, हमसे अपनेपन का नाता भी जोड़ती हो, भारत की अखंडोपासना में राष्ट्रभाषा का पद पा सकती है। जब हम इन सभी गुणों के सन्दर्भ में हिन्दी को परखते हैं तो पाते हैं कि हिन्दी में ये सभी गुण विद्यमान हैं। हिन्दी का विकास वैदिक संस्कृत से हुआ है जो कि अधिकांशतः सभी भारतीय भाषाओं की जननी है। हिन्दी के बोलने, समझने वालों की संख्या देश में सबसे ज्यादा है। प्रसिद्ध भाषाविद डा. सुनीति कुमार चटर्जी के अनुसार हिन्दी का व्याकरण केवल एक पोस्ट कार्ड पर लिखा जा सकता है। हिन्दी की लिपि देवनागरी इतनी सुस्पष्ट है कि इसमें हिन्दी के अलावा, मराठी, नेपाली, सिंधी, काश्मीरी, कोंकणी आदि भाषाएँ भी लिखी जाती हैं। हिन्दी की सरलता और व्यापकता को ध्यान में रखते हुए बंगाल के सुप्रसिद्ध विद्वान श्री केशवचंद सेन, जो कि राष्ट्रभाषा हिन्दी के अगुआ माने जाते हैं, के सुझाव पर 48 वर्ष की उम्र में स्वामी दयानन्द सरस्वती ने हिन्दी सीखी और आर्यसमाज के माध्यम से हिन्दी को घर-घर तक पहुँचाया। हिन्दी को न केवल हिन्दीभाषियों ने अपितु अहिन्दी क्षेत्र के लोगों ने सिंचित, पल्लवित और पुष्पित किया है। सबसे पहले मराठी विद्वान श्री पेठे ने 'राष्ट्रभाषा' नामक पुस्तक प्रकाशित की थी। गांधीजी ने हिन्दी की वकालत करते हुए 1918 में हिन्दी साहित्य सम्मेलन इंदौर में कहा था कि "हिन्दी वह भाषा है जिसको उत्तर में हिन्दू व मुसलमान बोलते हैं। यह हिन्दी एकदम संस्कृतमयी नहीं है, न एकदम फारसी शब्दों से लदी हुई है।"

नेहरू जी ने प्रधानमंत्री बनने के बाद अपने एक लेख में कहा है—हिन्दुस्तान में हम अपनी प्रांतीय भाषाओं का विकास करने के लिए बँधे हुए हैं। यह ठीक ही है कि हमारी महान प्रांतीय भाषाओं का विकास हो साथ ही हमें एक अखिल भारतीय भाषा भी चाहिए। यह भाषा अंग्रेजी या और कोई विदेशी जबान नहीं हो सकती, हालांकि मैं मानता हूँ कि उसकी जगतव्यापी स्थिति और हिन्दुस्तान में उसके वर्तमान व्यापक ज्ञान के कारण अंग्रेजी का हमारी भावी प्रवृत्तियों में महत्त्वपूर्ण हाथ रहेगा। अखिल भारतीय भाषा कोई हो सकती है तो वह सिर्फ हिन्दी या हिन्दुस्तानी।'

हमारे देश में हिन्दी के अलावा किसी भी अन्य भारतीय भाषा के बोलने वालों की संख्या बहुत कम है। हिन्दी साहित्य के क्षेत्र में विश्व की सम्पन्न भाषाओं में से एक है। अतः अन्य भाषाओं के मुकाबले हिन्दी ही भारत संघ की

राष्ट्रभाषा का पद पाने की हकदार है। प्रश्न यह भी है कि क्या अंग्रेजी को राष्ट्रभाषा के पद पर अभिसंज्ञित किया जा सकता है। उत्तर है, कदापि नहीं। अंग्रेजी भारत में नौकरानी के रूप में रह सकती है पटरानी के रूप में नहीं।

इस प्रकार हम कह सकते हैं कि अखिल भारतीय स्तर पर हिन्दी ही एक ऐसी भाषा है जो कि समूचे देश को एकता की कड़ी में बांधे रख सकती है और "राष्ट्रभाषा" के पद की सच्ची अधिकारिणी हो सकती है।

त्रिभाषा सूत्र और सम्पर्क भाषा

कुछ दिन पूर्व सरकार ने संस्कृत को त्रिभाषा सूत्र से निकालने का निर्णय लिया था जिस पर कि मुखर प्रतिक्रियाएँ हुई थीं। होना स्वाभाविक भी था क्योंकि यह रोजी-रोटी का प्रश्न भी था। लिहाजा सरकार ने पुनः संस्कृत को त्रिभाषा सूत्र में सम्मिलित करने का आदेश जारी कर दिया। आखिर में त्रिभाषा सूत्र है क्या ?

भाषा अभिव्यक्ति का सबसे सशक्त माध्यम होने के कारण राष्ट्र विकास में एक महती भूमिका अदा करती है। आजादी के बाद समूचे देश के लिए एक शिक्षा नीति का सूत्रपात किया गया। शिक्षा का माध्यम क्या हो, इस पर गंभीरता से विचार किया गया और फलतः त्रिभाषा सूत्र का प्रतिपादन किया गया। त्रिभाषा सूत्र के अन्तर्गत बच्चे को उसकी प्राथमिक शिक्षा मातृ (प्रांतीय) भाषा में उसके बाद पूर्व/माध्यमिक स्तर पर प्रांतीय भाषा के साथ-साथ संविधान की आठवीं अनुसूची में दर्ज पंद्रह भाषाओं—हिन्दी, सिंधी, संस्कृत, उर्दू पंजाबी, मराठी, गुजराती, कश्मीरी, उड़िया, असमिया, बंगला, तमिल, तेलुगु, कन्नड़ व मलयालम में से किसी एक भाषा की और उच्चतर कक्षाओं में प्रांतीय/राष्ट्रीय भाषाओं के साथ-साथ किसी एक विदेशी भाषा की शिक्षा दी जानी चाहिए थी। जब इस सूत्र के कार्यान्वियन की बात आई तो शुरू-शुरू में दक्षिणी प्रांतों ने इसे ईमानदारी से निभाया, यानी कि उन्होंने प्राथमिक स्तर पर अपनी प्रांतीय भाषाओं—तमिल, तेलुगु, कन्नड़ व मलयालम में से एक पूर्व/माध्यमिक स्तर पर हिन्दी और उसके बाद उच्चतर कक्षाओं में विदेशी भाषा के रूप में अंग्रेजी की शिक्षा दी जाने लगी लेकिन हिन्दी भाषी प्रांतों की राज्य सरकारों ने इस सूत्र को ईमानदारी के साथ लागू नहीं किया। उन्होंने केवल सिद्धान्त तौर पर चालाकी से इसे ऊपर से त्रिभाषा दर्शाते हुए द्विभाषा सूत्र बना डाला यानी कि प्राथमिक शिक्षा का माध्यम हिन्दी पूर्व/माध्यमिक स्तर पर संविधान की आठवीं सूची में दर्ज किसी एक भाषा के नियम की आड़ लेते हुए संस्कृत को रख लिया जबकि हिन्दी का जन्म संस्कृत से हुआ है। अतः संस्कृत और हिन्दी में कोई खास अन्तर नहीं था। आशय यह था कि इन प्रांतों को दूसरी भाषा के

रूप में दक्षिण की कोई भारतीय भाषा संस्कृत को छोड़कर चुननी थी। उच्चतर कक्षाओं में विदेशी भाषा के रूप में इन प्रांतों ने भी अंग्रेजी को ही अपनाया। इसका परिणाम उल्टा हुआ और दक्षिणी प्रांतों ने भी इसके विरोधस्वरूप अपनी शिक्षा नीति से हिन्दी को हटा दिया और इस प्रकार पूरे देश में त्रिभाषा के स्थान पर द्विभाषा सूत्र चलता रहा। त्रिभाषा सूत्र को ईमानदारी से लागू किया जाता तो इससे निश्चित ही जहाँ एक ओर हिन्दी-लता-पताका पूरे देश में फहराती, वहीं राष्ट्रीय एकता की गाँठ भी और मजबूत होती क्योंकि यह स्वाभाविक था। दक्षिण की भाषाओं को पढ़ाने के लिए शिक्षकगण दक्षिण से ही आते और इस प्रकार भाषा के साथ-साथ संस्कृतियों का भी आदान-प्रदान होता। कुछ लोगों को रोजगार भी मिलता।

खैर। सरकार का ध्यान राजभाषा हिन्दी को समूचे देश में सम्पर्क भाषा के रूप में प्रचारित-प्रसारित करने के उद्देश्य से पुनः इस ओर गया और वर्ष 1988 में यह निर्णय लिया गया कि संस्कृत को त्रिभाषा सूत्र से हटा दिया जाए और केन्द्रीय विद्यालयों में तो विधिवत् दक्षिण भारतीय भाषाओं की कक्षाएँ भी शुरू हो गई है। संस्कृत को त्रिभाषा सूत्र से हटाने पर विरोध हुआ और सरकार ने पुनः संस्कृत को त्रिभाषा सूत्र में सम्मिलित कर लिया, यानी कि एक प्रकरण का पटाक्षेप हुआ। लेकिन चूंकि इस मुद्दे को भविष्य में कभी भी पुनः उठाया जा सकता है। अभी कुछ दिन पूर्व एक सम्मेलन में संस्कृत को देश की सम्पर्क भाषा बनाए जाने का प्रस्ताव पारित किया गया है। तर्क है कि चूंकि उत्तर भारत की भाषाओं की जननी संस्कृत है और इसमें आधे से ज्यादा शब्दावली संस्कृत की है। तर्क बहुत वजनदार है। इसमें कोई दो राय नहीं पर आज हिन्दी जो कि संस्कृत की पुत्री है दिनोंदिन फलती-फूलती जा रही है। क्या ऐसे में संस्कृत को हिन्दी के स्थान पर सम्पर्क भाषा बनाये जाने की बात न्यायसंगत है? उत्तर है "नहीं" क्योंकि हिन्दी की शब्दावली संस्कृत से ली गई है और आज वह इस स्थिति में पहुँच चुकी है कि उसे पीछे नहीं हटाया जा सकता। यदि संविधान लिखे जाते समय ही संस्कृत को (चाहे किसी भी भाषा को) राष्ट्र-भाषा (सम्पर्क) घोषित कर दिया जाता तो वह बन सकती थी लेकिन आज संस्कृत प्राचीन भाषा घोषित हो चुकी है। वह केवल धार्मिक/सांस्कृतिक अनुष्ठानों की भाषा ही रह गई है। भाषा हमेशा वही पनपी है जो कि जन सामान्य की बोलचाल में सरल रही है। यदि संस्कृत बोलचाल की सरल भाषा रही होती तो उससे पालि, प्राकृत और क्रमशः अपभ्रंश व हिन्दी का विकास नहीं हुआ होता। और हिन्दी में भी आज उस हिन्दी का जिसे राजभाषा कहते हैं, जिसमें कि संस्कृत के अलावा अन्य सभी भारतीय भाषाओं तथा यहाँ तक कि विदेशी

भाषाओं के शब्दों को भी पचाने की बात कही गई है, कभी भी विकसित न होती। दूसरी बात यह है कि संस्कृत की जो ध्वनि-संरचना है वह निश्चित ही दुरूह है। अतः वह आज जनसामान्य की भाषा नहीं बन सकती।

निष्कर्षतः आज के प्रसंग में संस्कृत को सम्पर्क भाषा या राष्ट्रभाषा बनाए जाने के आग्रह को त्याग देना चाहिए और हिन्दी को, जो कि उसकी दुहिता है, सिंचित, पल्लवित करते हुए कुसुमित करने का पुनीत कार्य हम सभी को करना चाहिए।

राजभाषा का स्वरूप

हिन्दी का माखौल उड़ाते हुए लोगों को अधिकांशतः ये तीन उदाहरण देते सुना जाता है कि क्या हिन्दी है जिसमें रेल के लिए "लौह पथ गामिनी", टाई के लिए "कंठ लंगोट" एवं माचिस के लिए "रगड़ घर्ष-पट्टिका" जैसे शब्द निर्मित किए गए हैं। ऐसे शब्द राजभाषा की शब्दावली में कतई नहीं हैं और न ही ये हिन्दी की शब्दावली। ये नाम तो मात्र उन लोगों को समझाने के लिए अभिसंज्ञित किए गए थे जो कि इन चीजों से अपरिचित थे। जैसे कि कोई अंग्रेज हाथरस/अलीगढ़ आया तो उसने पहली बार "जलेबी" बनते देखी। जब वह वापस गया और वहाँ उसने जलेबी के बारे में बताया। लोगों ने उससे पूछा कि जलेबी क्या होती है ? उसने उन्हें समझाया कि "राउंड राउंड स्टॉप"। कहने का तात्पर्य यह है कि जलेबी को उन्होंने अंग्रेजी में "जलेबी" कहा, मगर समझाने की दृष्टि से उसे राउंड राउंड स्टॉप कहना पड़ा। ठीक उसी प्रकार, जो लोग रेल व मोटर साइकिल से अपरिचित थे उन्हें भारतीय ढंग से लोहे के पथ पर चलने वाली अर्थात लौह पथ गामिनी एवं लोहे का घोड़ा (मोटर साइकिल) आदि नामों से समझाया गया। इस संबंध में, दूसरा तर्क यह है कि कभी भी नाम, स्थान व चीजों के नामों का अनुवाद नहीं हुआ करता क्योंकि आगरा, सूर्य प्रकाश, फिलिप, जलेबी आदि को हिन्दी या अंग्रेजी में क्रमशः आगरा, सूर्य प्रकाश, फिलिप, जलेबी ही लिखेंगे। तीसरी बात यह है कि किसी भी वस्तु का निर्माता अथवा आविष्कारक ही उसका नामकरण कर सकता है। जब हमने रेल, साइकिल, मोटर, कटलेट, ऑमलेट, कोट-पेंट, टेपरिकार्डर आदि का निर्माण ही नहीं किया तो इनका नामकरण कैसे कर सकते हैं। अतः हमने जिस प्रकार इन चीजों का आयात किया है उसी प्रकार नामों का भी आयात कर लिया है और कर लेना चाहिए। इसी प्रकार, अंग्रेजी ने भी हमारी निर्मित वस्तुओं जैसे—घी, जलेबी, छोले-भटूरे व जनेऊ आदि हजारों शब्दों को ज्यों का त्यों ग्रहण कर लिया है। इसलिए स्थान, वस्तु एवं नामों के लिप्यंतरण के बारे में विशेष आग्रह नहीं करना चाहिए।

जहाँ तक राजभाषा के स्वरूप का प्रश्न है। राजभाषा का स्वरूप बताते हुए संविधान में भी कहा गया है कि इसकी शब्दावली मूलतः संस्कृत से ली

जाएगी और गौणतः सभी भारतीय भाषाओं सहित विदेशी भाषाओं के भी प्रचलित शब्दों को अंगीकार किया जा सकता है ।—राजभाषा हिन्दी की एक अलग प्रयुक्ति है । राजभाषा की शब्दावली, टेंडर, निदेश, आकस्मिक अवकाश, वेतनभोगी कर्मचारी आदि इसे और प्रयुक्तियों से अलगाती है । राजभाषा शब्दावली में हमने अंग्रेजी के हजारों शब्द अंगीकृत कर लिये हैं जैसे—रजिस्ट्री, कुटेशन, फैक्टरियाँ, हॉस्पीटल, स्कूल, कॉलेज, रिफाइनरी मशीन, पेन आदि । 'शब्द निर्माण' के सम्बन्ध में "राजभाषा" के नियम बहुत ही लचीले हैं । यहाँ किसी भी दो या दो से अधिक भाषाओं के शब्दों की संधि आराम से की जा सकती है । यथा—उप जिला मजिस्ट्रेट । यहाँ "उप" उपसर्ग है संस्कृत का, "जिला" मराठी शब्द है और "मजिस्ट्रेट" अंग्रेजी का शब्द है । इसी प्रकार रेलगाड़ी में रेल अंग्रेजी का शब्द है तो "गाड़ी" हिन्दी का । कहने का तात्पर्य यह है कि "राजभाषा" के अंतर्गत शब्द निर्माण के नियम बहुत ही लचीले हैं ।

जिस भाषा में अन्य भाषाओं के शब्दों को पचाने की जितनी अधिक शक्ति होती है वह उतनी ही समृद्ध भाषा बनती जाती है । अंग्रेजी एक ऐसी ही भाषा है जिसने संसार की सभी भाषाओं के शब्दों को ऐसा पचाया है कि ऐसा मालूम पड़ता है कि ये इसी के मूल शब्द हैं जैसे—हिन्दी के घी, घिराव, पड़ाव, लाठी, छोले-भटूरे आदि हजारों शब्दों को अंग्रेजी ने ग्रहण किया है ।

इसी प्रकार, हमें हिन्दी को यदि समृद्ध बनाना है तो अन्य भाषाओं के शब्दों को लेने में हिचकिचाना नहीं चाहिए । मगर इस संबंध में एक विनम्र निवेदन यह है कि जिन अंग्रेजी शब्दों के बहुत अच्छे पर्याय हिन्दी में हैं उनका हिन्दी वाला रूप ही प्रयोग में लाना चाहिए जैसे—मैनेजर के लिए प्रबंधक, केजुअल लीव के लिए आकस्मिक अवकाश, डाइरेक्टर के लिए निदेशक आदि शब्द बहुत ही प्रचलित हैं । अतः इनके हिन्दी रूप का ही प्रयोग किया जाना चाहिए । जहाँ शब्द निर्मित गढ़ने की आवश्यकता है वहाँ ऐसा करना भी चाहिए जैसे 'फ्लोरिस्ट' (Florist) Performance, Alergy जैसे शब्दों की हिन्दी यदि है तो बहुत अच्छी नहीं हैं अतः हम इनके लिए पुष्पी, प्रगति और प्रतिकूलता शब्द गढ़ सकते हैं ।

अतः उपर्युक्त विवेचन से यह निष्कर्ष निकाला जा सकता है कि राजभाषा का तात्पर्य आम बोल-चाल की भाषा से है । सरल-सुबोध और सुग्राह्य शब्दों का प्रयोग राजभाषा की अपनी विशेपता है ।

राजभाषा और अनुवाद

यदि राजभाषा को अनुवाद की ही भाषा कहा जाए तो अतिशयोक्ति नहीं होगी। यूं संविधान की धारा 3(3) में राजभाषा का स्वरूप स्पष्ट करते हुए कहा गया है कि इसमें मूलतः संस्कृत के और गौणतः अन्य भारतीय भाषाओं व विदेशी भाषाओं के प्रचलित शब्दों को लिया जाए। संविधान लागू होने के बाद राजभाषा को प्रचारित-प्रसारित करने के उद्देश्य से राजभाषा अधिनियम 1963 व राजभाषा नियम 1976 (संशोधित 1987) पारित किए गए और इनके कार्यान्वयन के लिए केन्द्र सरकार के अधीन आने वाले सभी कार्यालयों/प्रतिष्ठानों में हिन्दी अनुभागों की स्थापना की गई। यदि सही मायने में इन हिन्दी अनुभागों के कार्यों का आकलन किया जाए तो यह बात स्पष्टतः सामने आएगी कि इन्हें मूलतः अनुवाद मशीनरी समझा गया है जबकि इनका कार्य मूलतः अनुवाद नहीं मौलिकता के आधार पर राजभाषा को आगे बढ़ाना था।

आखिरकार अनुवाद की आवश्यकता पड़ती क्यों है? इसका सीधा-सादा उत्तर है कि स्रोत भाषा में कोई ऐसी मौलिक बात कही गई है जिसे हम अपनी भाषा लक्ष्य भाषा के माध्यम से अपने लोगों तक पहुँचाना चाहते हैं।

बहुधा अनुवादकों पर यह आरोप होता है कि अनुवाद की भाषा मूल से बहुत अलग होती है। यह सत्य है कि अनुवाद फोटोस्टेट कॉपी जैसा होता है जो कि कभी भी नितान्त मूल कॉपी जैसा नहीं हो सकता। अनुवाद के 3 नियामक तत्त्व हैं—स्रोत भाषा का ज्ञान, लक्ष्य भाषा का ज्ञान और विषय वस्तु की जानकारी। सत्य तो यह है कि सरकारी कामकाज में ऐसा कोई काम नहीं है जो मूल रूप में हिन्दी में न हो सकता हो और मूल रूप में जो ड्राफ्ट/टिप्पणी जिस किसी भी भाषा में बनती है वह हमेशा सरल, सुबोध और अभिव्यक्ति को स्पष्ट करने वाली लगती है जो कि मौलिकता का एक गुण है।

अनुवाद, अनुवादक और भाषा विज्ञान

अनुवाद दो शब्दों, अनु+वाद से मिलकर बना है जिसका कि कोशीय अर्थ होता है—अनु=पीछे, वाद=कहना; अर्थात पीछे से कहना। तात्पर्य यह है कि मूल भाषा की बात को यथासाध्य लक्ष्य भाषा में कहने की प्रक्रिया को अनुवाद कहते हैं। अनुवाद से तात्पर्य शब्द स्थापन से न होकर भाव स्थापन से होना चाहिए। वस्तुतः अनुवादित सामग्री मूल की वह फोटो प्रति होती है जो कभी तो मूल से भी अधिक लुभावनी और कभी मूल से बहुत बुरी लगती है। सत्य तो यह है कि अनुवादित सामग्री मूल की सहोदर कभी नहीं होती है।

अनुवादक

किसी नौकर को उसकी मालकिन ने 10 रु० और सामानों की एक विस्तृत सूची पकड़ाई और कहा कि तुझे इस 10 रु० में से ही ये सारा सौदा खरीदकर लाना है चाहे कैसे भी कर। ठीक वही स्थिति अनुवादक की होती है। अनुवादक को भी एक निर्धारित एवं सीमित दायरे में शब्दों का समायोजन/प्रतिस्थापन करना होता है।

अनुवादक के लिए जरूरी बातें

एक आदर्श अनुवादक को निम्न बातों का ज्ञान होना बहुत जरूरी है—

(क) **मूल भाषा की जानकारी**—मूल भाषा की जानकारी अनुवादक के लिए बहुत जरूरी है। मूल भाषा से तात्पर्य उस भाषा से होता है जिससे कि अनुवाद किया जाना है। माना कि हमें हिन्दी से अंग्रेजी में अनुवाद करना है तो यहाँ हिन्दी मूल भाषा होगी।

(ख) **लक्ष्य भाषा की जानकारी**—लक्ष्य भाषा में अनुवादक जितना अधिक पारंगत होगा उतना ही अधिक अच्छा एवं मूल के नजदीक उसका अनुवाद होगा। लक्ष्य भाषा से तात्पर्य उस भाषा से है जिसमें कि अनुवाद किया जाना है। माना कि अंग्रेजी से हिन्दी में अनुवाद करना है तो यहाँ हिन्दी लक्ष्य भाषा होगी। भारतवर्ष में अधिकतर अनुवाद की लक्ष्य भाषा हिन्दी ही है।

(ग) **विषय की जानकारी**—सटीक एवं मूल के नजदीकी अनुवाद के लिए

विषय की जानकारी का होना अनुवादक के लिए बहुत जरूरी होता है क्योंकि बहुधा प्रत्येक शब्द अनेकार्थी होता है। बिना विषय की जानकारी के शब्दों का चयन ठीक नहीं हो पाता जिससे अर्थ का अनर्थ भी हो सकता है। जैसे इस वाक्य को ही ले लीजिए—

"It has been sterilized for your safety." यहां पर Sterilized शब्द बहुअर्थी है। अगर इसे हम आप्रेशन के सन्दर्भ में प्रयुक्त कर रहे हैं तो इसका अर्थ नसबन्दी होगा और यदि सफाई के सन्दर्भ में तो इसका अर्थ निष्कीटित होगा। इसलिए श्रेष्ठ अनुवादक के लिए विषय की जानकारी का होना बहुत जरूरी है।

(घ) **अनुवाद का प्रयोक्ता**—अनुवादक को अनुवाद करते समय यह बात भी ध्यान में रखनी चाहिए कि वह अनुवाद किसके लिए कर रहा है। अगर अनुवाद का प्रयोक्ता प्राथमिक स्तर का है तो निश्चित ही उसकी भाषा सरल, सुबोध और दृष्टान्तमयी होगी और अगर प्रयोक्ता उच्च शिक्षा प्राप्त है तो उसकी भाषा सारगर्भित होगी।

(ङ) **क्षेत्रीयता**—अनुवादक को क्षेत्रीयता का भी ध्यान रखना जरूरी होता है। अगर अनुवाद महाराष्ट्रवासियों के लिए करना है तो उसका झुकाव मराठी की ओर और अगर पंजाबवासियों के लिए तो पंजाबी की ओर और कश्मीरवासियों के लिए तो उर्दू की ओर होना चाहिए।
जैसे—

"We welcome you at Sri Nagar. You are our guest, but please do not travel of Kashmir in your own Buses. If you will neglect our request, you will find obstructions at every step."
इसका अनुवाद हमें जम्मू-कश्मीर के लिए करना है तो इसे निम्न प्रकार ही रूपांतरित करना होगा :

श्रीनगर की सैर के लिए आपको हमारी ओर से दिलो मुबारकबाद। आप हमारे मोअज्जिम मेहमान हैं लेकिन मेहरबानी करके वादिए कश्मीर की सैर आप अपनी बसों में न करें—। अगर आप हमारी गुजारिश को दर गुजर करेंगे तो पग-पग पर रुकावटें आएंगी।

(च) **शब्दों का चयन**—अनुवादक के लिए सबसे बड़ी समस्या शब्दों का चयन करना होता है। इसके लिए उसे विषय/क्षेत्र/देशकाल आदि की जानकारी होना बहुत जरूरी होता है। शब्द-चयन के निम्न तरीके हैं—

1. **ग्रहण**—अगर अनुवादक को अंग्रेजी शब्दों के हिन्दी पर्याय नहीं मिल पा रहे तो उन्हें वैसे ही ग्रहण कर लेना चाहिए। क्योंकि हमने विगत में भी ऐसा ही किया है और हर भाषा में ऐसा ही होता है। हमने अंग्रेजी के बहुत से शब्दों

टाइम, रेल, मोटर, हॉस्पीटल, कॉमेडी, त्रासदी, फर्नीचर, मलेरिया, कैफेटेरिया आदि को गृहीत किया है तो अंग्रेजी ने भी हमारे छोले, भटूरे, घी, घिराव, लाठी चार्ज, रसगुल्ले आदि शब्दों को गृहीत किया है।

वस्तुतः हमें नामों एवं खाद्य सामग्री का तो कभी अनुवाद करना ही नहीं चाहिए—

जैसे अगर हम "हेमवर्ग" का अनुवाद करें तो इसका अनुवाद मूल से बहुत दूर हो जाएगा; दूसरा यह खाद्य सामग्री हेमवर्ग, आमलेट आदि हमारे यहाँ की देन नहीं है अतः हमें इन्हें ऐसे के ऐसे ही लिखना चाहिए क्योंकि अंग्रेजी में भी तो हमारे "दही भल्ले" को "दही भल्ला" ही लिखा जाता है।

इसी प्रकार नामों का तो कभी भी अनुवाद नहीं करना चाहिए अन्यथा इससे कानूनी अड़चनें सामने आ सकती हैं यथा—बैंक ऑफ इण्डिया (Bank of India) और इण्डियन बैंक (Indian Bank) दोनों का हिन्दी अनुवाद "भारतीय बैंक" ही होगा जिससे कि काफी असुविधा उत्पन्न हो जाएगी।

लेकिन इसमें इस बात का और ध्यान रखा जाए कि हम उन्हीं शब्दों को अंगीकार (एडॉप्ट) करें जिनके कि हिन्दी रूपान्तरण मिलते ही नहीं हैं। अगर मिलते हैं तो हमें कभी भी अंगीकरण नहीं करना चाहिए—

जैसे—अगर हम Manager Purchase, Office—आदि की जगह प्रबंधक क्रय, कार्यालय आदि न लिखकर मैनेजर, परचेज, आफिस आदि लिखेंगे तो इसका तात्पर्य हुआ कि हमने हिन्दीकरण नहीं किया है हमने सिर्फ लिप्यन्तरण किया है। जिससे कि हमारी शब्दावली को काफी धक्का पहुँच सकता है।

2. **नए शब्दों का गढ़ना**—आवश्यकता पड़ने पर नए शब्दों को भी गढ़ा जा सकता है। विगत में भी 'फिलमाना', 'आकाशवाणी' जैसे शब्द गढ़े जाते रहे हैं। अतः हमें अगर शब्द गढ़ने की आवश्यकता पड़े तो गढ़ लेना चाहिए—

यथा—Paid, Appitisers, Sanctioning Authority, First Information Report, आदि शब्दों को लीजिए। इनकी हिन्दी क्रमशः प्रदत्त, क्षुधावर्धक, मंजूर करने वाला अधिकारी, प्रथम सूचना प्रतिवेदन आदि है।

'Paid' इन्हें इस प्रकार गढ़ा जा सकता है—'पेड' की हिन्दी 'प्रदत्त' अपने मूल भाव 'भुगतान किया जा चुका है' से बहुत दूर है क्योंकि 'प्रदत्त' का अर्थ होता है दे दिया। प्रश्न उठता क्या दे दिया ? इसका उत्तर देने में पेड असमर्थ है अतः इसकी हिन्दी हम 'भुगतानित' गढ़ लें तो यह 'पेड' के मूल भाव 'भुगतान किया जा चुका है' के बहुत नजदीक है।

Appitisers एपिटायजर्स (होटल शब्दावली)=क्षुधावर्धक। एपिटायजर्स एक शब्द है, 'क्षुधावर्धक' दो शब्दों से मिलकर बनता है। अतः सटीक अनुवाद

नहीं है। इसके लिए हम रसिका के अनुरूप 'रुचिकाएं' शब्द गढ़ सकते हैं जो कि एपिटाइजर्स के लिए बहुत ही उपयुक्त शब्द होगा।

Sanctioning Authority (सेक्शनिंग आथॉरटी)=मंजूर करने वाला अधिकारी यानी 4 शब्द हो गए जबकि सेक्शनिंग आथॉरिटी केवल दो शब्द हैं। अत: हम इसका अनुवाद 'स्वीकृतक अधिकारी' कर दें तो यह निश्चित ही उपयुक्त होगा।

First Information Report (FIR) प्रथम सूचना प्रतिवेदन है। वस्तुत: यह अनुवाद की दृष्टि से तो बिलकुल सही है लेकिन यह First Information Report के संक्षिप्त रूप FIR के समकक्ष नहीं है। अतः इसके लिए 'पंजाब केसरी' द्वारा गढ़े गए शब्द 'प्राथमिकी' को प्रयोग में ला सकते हैं जो कि संक्षिप्त भी है और भाव को प्रकट भी करता है।

शब्दानुवाद

अनुवादक को शब्दानुवाद से बचना चाहिए क्योंकि शब्दानुवाद कभी-कभी बहुत ही भोंडा लगता है जैसे बहुत से अनुवादक—'The Centaur Hotel', 'The Mall Simla', 'a critical study of Gandhiji', का अनुवाद इस प्रकार करते देखे गए हैं—दी सेंटॉर होटल, दि माल शिमला, गांधी जी एक आलोचनात्मक अध्ययन, जबकि हिन्दी की प्रकृति में 'दि', 'एक' आदि लगाना संगत नहीं है। एक आलोचनात्मक अध्ययन का अर्थ होता है कि हम केवल एक अध्ययन कर रहे हैं जबकि अध्ययन 'एक' कभी नहीं होता है।

अनुवाद और भाषा विज्ञान

"अनुवाद" भाषा विज्ञान की एक प्रशाखा अनुप्रयुक्त भाषा विज्ञान का ही एक प्रयुक्त रूप है। भाषा विज्ञान ने भाषा के साथ-साथ अनुवाद को शुद्ध एवं मानक बनाने में बहुत योगदान दिया है जो निम्न प्रकार है—

(क) **वर्तनी**—वर्तनी के क्षेत्र में भाषा विज्ञान ने हिन्दी भाषा एवं अनुवाद का निम्न क्षेत्रों में परिमार्जन किया है—

1.—य और व, य और ई की समस्या

हिन्दी वर्तनी में काफी अनेकरूपताएं य व ऊ ई के वैकल्पिक प्रयोग को लेकर थीं—

जैसे—जायेगा, जावेगा, आयगा, जाएगा आदि

भाषा विज्ञान ने मूलतः सत्ता "ए" की मानी है और अब इन सभी स्थानों पर "जाएगा" रूप ही मानक माना है। इसी प्रकार नयी और नई यहां पर

भाषा विज्ञान ने "ई" की सत्ता मानी है और नई शब्द को मानक माना है। इसी प्रकार हलुवा, हलुआ, सुवा, सुआ आदि में "अ" की सत्ता मानकर क्रमशः हलुआ सुआ वाले रूपों को मानक माना है।

इसके विरोध में कुछ लोगों का कहना है कि हम फिर पाया के स्थान पर पाआ क्यों नहीं लिखते। भाषा विज्ञान के अनुसार पाआ सही है लेकिन उच्चारण की दृष्टि को ध्यान में रखते हुए इसे "पाया" स्वीकार कर लिया है क्योंकि हम "महिलाओं" ही लिखते हैं न कि महिलायों।

अनुनासिकता/नासिक्य व्यंजन

(' ', एवं ङ्, ञ, न्, ण्, म्)[1]

चंद्रबिन्दु और अनुस्वार में भेद

कुछ अनुवादक/विद्वान दोनों में बिलकुल अन्तर नहीं करते हैं और हंस और हँस, रंग और रँग दोनों को अनुस्वार वाले रूप हंस, रंग में लिख कर काम चला लेते हैं जो बिलकुल गलत है।

चंद्रविन्दु का प्रयोग अधिकांशतः क्रिया रूप के लिए होता है जैसे हँस=हँसना, रँग=रँगना

अनुस्वार का प्रयोग संज्ञा वाले रूपों के साथ ही करना चाहिए जैसे—

हंस=पक्षी विशेष

रंग=रंग (Colour)

क़ ख़ ग़ ज़ फ़ ऑ का प्रयोग

नुक्ता वाले शब्दों का प्रयोग अरबी फारसी उर्दू वाले रूपों के साथ ही किया जाना चाहिए, हिन्दी रूपों के साथ नहीं; यथा—

उर्दू में ताक़ (आला), ख़ाना (स्तंभ), हिन्दी में ताक (देखना), खाना (भोजन)

---

1. चन्द्रबिन्दु का प्रयोग शिरोरेखा के ऊपर उस समय किया जाना चाहिए जबकि उसके ऊपर कोई मात्रा न हो जैसे कि महिलाएँ, हँसना आदि अनुस्वार का प्रयोग अब ङ् ञ ण् न् म् के विकल्प के रूप में किया जाना चाहिए।

अनुस्वार शिरोरेखा के ऊपर बिना किसी मात्रा के विलग एवं सलग दोनों रूपों में प्रयुक्त होता है। इसलिए अब गङ्गा, सन्जय, पाण्डेय, सन्त और बम्बई को गंगा, संजय, पांडेय, संत एवं बंबई ही लिखना चाहिए।

ऑ का प्रयोग

ऑ स्वर अंग्रेजी परम्परा की देन है। इसलिए यह ओ और आ के बीच होता है और अंग्रेजी शब्दों के लिए ही प्रयुक्त होता है जैसे—

बॉल, हॉल, नॉलेज, कॉलेज आदि।

आ का प्रयोग

हमारे यहाँ हिन्दी में सभी व्यंजन "अ" सहित होते हैं—

क्+अ=क=Ka

न्+अ=न=Na

म्+अ=म=Ma

जब हमारे शब्द कृष्ण और राम भक्ति परम्परा में विदेश पहुँचे तो इनका उच्चारण कृष्णा और रामा हो गया और इसी आधार पर अब लोग रामकृष्ण-पुरम् को रामा कृष्णा पुरम बोलने और लिखने लगे। इसी आधार पर अब माणिक चंद्र (Manik Chandra) माणिक चंद्रा लिखे एवं बोले जाने लगे। जो कि बिलकुल ही ग़लत है। अतः हमें हिन्दी शब्दों के साथ उच्चारण एवं लिखने में "अ" अतिरिक्त नहीं जोड़ना चाहिए।

'्र , ृ की समस्या

"्र , ृ क्रमशः "र" के उपलेखिम हैं। ृ का प्रयोग शिरोरेखा के ऊपर होता है तथा जिस शब्द के ऊपर इसे लगाया जाता है इसका उच्चारण ठीक उसके पहले होता है जैसे पुनर्भुनाई इसमें उच्चारण पुनर्भुनाई आदि है। ्र "र" का उपलेखिम है और यह पूरा ही "र" है। इसे कभी भी आधा नहीं समझना चाहिए। यह हमेशा खड़ी लाइन वाले अक्षरों के साथ प्रयुक्त होता है। जैसे—अग्र, शुक्र आदि। यहाँ र पूरा है और ग एवं क आधे हैं क्योंकि हमारे यहाँ हिन्दी व्याकरण में संयुक्ताक्षर में पहला अक्षर आधा होता है जैसे प्यार, ग्यान आदि।

‸ का प्रयोग। यह अधिकांशतः ट ठ ड के नीचे एवं अंग्रेजी वाले शब्दों के साथ प्रयुक्त होता है जैसे—ट्रेन, ड्रामा आदि।

ृ ऋ स्वर की मात्रा है इसका उच्चारण महाराष्ट्र में रु, ब्रज में र, मानक हिन्दी में रि के नजदीक है। यह हमेशा अक्षर के नीचे लगाया जाता है जैसे—शृंगार, गृह आदि।

अनुवादकों ्र ृ के प्रयोग में सावधानी बरतनी चाहिए। गृह असावधानी के कारण कभी भी ग्रह (नक्षत्र) बन सकता है। ृ का उच्चारण हमेशा रि होता है ्र का उच्चारण र होता है।

इसलिए ब्रज, कृपया, मातृ रूप मानक हैं और वृज, मात्र (only) ऋपया अमानक हैं।

लिपि की अस्पष्टता

लिपि की अस्पष्टता के कारण रबर (Rubber) को लोग खर (गधा) कर जाते हैं। इसलिए हमेशा ख को ख लिखना चाहिए।

स्र स्त्र में भेद न होने के कारण लोग सहस्र को सहस्त्र लिख जाते हैं जबकि स्र स्त्र में अन्तर है।

श्र शृ में अन्तर

श्र में और शृ दोनों में ही श का उपरूप है। श्र में ्र र का उपलेखिम ्र तथा शृ में ऋ की मात्रा ृ लगाई गई है। अतः शृंगार रूप मानक है श्रंगार अमानक। शृंखला रूप मानक है श्रंखला अमानक रूप है।

उपर्युक्त विवेचन से हम पाते हैं कि भाषा विज्ञान ने हिन्दी और अनुवाद को मानक बनाने में बहुत महत्त्वपूर्ण योगदान दिया है और भविष्य में देती रहेगी।

अनुवाद न विज्ञान न कला, व्यवहार है

अनुवाद के बारे में काफी मतभेद हैं। कुछ विद्वान इसे कला मानते हैं। भाषाविद् इसे विज्ञान मानते हैं। वस्तुत: अनुवाद एक व्यवहार है। हम स्रोत भाषा के भाव को यथासम्भव लक्ष्य भाषा में कहने की कोशिश करते हैं। कभी यह कोशिश मूल के नजदीक पहुँच जाती है कभी बहुत दूर। यूं शब्द अनुवाद वद् धातु से बना है जिसका अर्थ 'कहना' है और इस प्रकार अनुवाद का शाब्दिक अर्थ 'बाद में कहना' यानी कि 'अनुकथन' है। अनुवाद के लिए कथन का होना आवश्यक है। अंग्रेजी (मूलत: लैटिन) शब्द ट्रांसलेटम से ट्रांसलेशन निकला है, जिसका अर्थ होता है ट्रांस=दूसरी पार, लेटम=ले जाना यानी कि दूसरी पार ले जाना। इस प्रकार अनुवाद एक सेतु है दो भाषाओं (दो कथनों) का।

डॉ० भोलानाथ तिवारी ने अनुवाद के बारे में कहा है, "उत्तम से उत्तम अनुवाद भी मूल की बराबरी नहीं कर सकता और निकृष्ट से निकृष्ट अनुवाद में भी मूल का परिचय देने की उपयोगिता पाई जा सकती है।"

इसी में स्वर मिलाते हुए उपन्यासकार राबर्ट गेब्ज ने कहा है कि अनुवाद असत्य या विनम्र असत्य है। वह सत्य हो ही नहीं सकता। ऐसी स्थिति में अनुवादक बंचक हो जाएगा।

अनुवाद वस्तुत: फोटो कॉपी के समान है कि कभी तो असल से भी चमकदार हो जाती है और कभी बहुत धुंधली।

अनुवाद के लिए दो भाषाओं का होना जरूरी है।

अनुवाद के लिए तीन महत्त्वपूर्ण तत्त्वों का ज्ञान आवश्यक है।

(क) स्रोत भाषा यानी कि जिस भाषा से अनुवाद किया जाना है।

(ख) लक्ष्य भाषा, जिस भाषा में अनुवाद किया जाना है।

(ग) विषय वस्तु।

उदाहरणार्थ—Liquor Consumption is prohibited मद्यपान निषिद्ध है।

यहाँ अंग्रेजी स्रोत भाषा है और हिन्दी लक्ष्य भाषा। हमारे यहाँ अधिकांशत: कार्यालयीन अनुवाद अंग्रेजी से हिन्दी में ही किया जाता है और राजभाषा के

क्षेत्र में हिन्दी अनुवाद के हिन्दी अधिकारी सामान्यतया इसी प्रकार का अनुवाद करते हैं।

कार्यालयीन अनुवाद के प्रकार

यूं अनुवाद के कई प्रकार होते हैं—

शब्दानुवाद—इस अनुवाद के अन्तर्गत स्रोत भाषा के एक शब्द के स्थान पर दूसरा शब्द आ जाता है।

It is a Vanashing Point.

यह एक तिरोधान बिन्दु है।

Agenda papers will be sent to you in due course.

बैठक की कार्य सूची आपको यथासमय भेज दी जाएगी।

It is for your information please.

यह आपके सूचनार्थ है।

भावानुवाद—यूं ज्यादातर कार्यलयीन अनुवाद के अन्तर्गत शब्दानुवाद करना होता है। लेकिन बहुत बार भावानुवाद भी करना पड़ता है। शब्दानुवाद करने पर अर्थ का अनर्थ हो जाता है। Liquor Consumption is Prohibited, यदि यहाँ हम Consumption का अर्थ खपत कर दें तो अनुवाद अच्छा नहीं माना जाएगा। Please keep here the used Plates यहाँ पर यूज्ड प्लेट्स का अर्थ प्रयुक्त प्लेटें (तश्तरियाँ) न करके जूठी प्लेटें अच्छा रहेगा।

छायानुवाद—कई बार कार्यालयीन अनुवाद में छायानुवाद भी करना पड़ता है : यथा The justice in the Court is pleased to order to be hang till he is dead.

इसका अर्थ श्री·········को तब तक गले से लटका दिया जाए जब तक कि वह मर न जाए न होकर अदालत श्री·········को मृत्यु दंड देती है। ज्यादा ठीक रहेगा।

अनुवाद के लिए कुछ आवश्यक बातें

श्रेष्ठ अनुवादक अपनी समझ के अनुसार विषय वस्तु को देखते हुए सटीक अनुवाद कर लेता है। वास्तविकता तो यह है कि अनुवाद के लिए हमें प्रैग्मेंटिक्स का सहारा लेना चाहिए। एक शब्द के कई अर्थ होते हैं। विषय वस्तु के अनुसार ही चुनना चाहिए।

यथा शब्द issue इशु को ले सकते हैं। एक जगह इसका अर्थ जारी करना है तो दूसरी जगह प्रतिष्ठा का प्रश्न है, तीसरी जगह मुद्दा तो चौथी जगह शिशु है। इसी प्रकार शब्द क्रेडिट को ले सकते हैं। एक जगह इसका अर्थ उधार है तो दूसरी

जगह साख है, तीसरी जगह श्रेय है। अत: अनुवादकों को अपनी समझ के अनुसार शब्दों का चयन कर लेना चाहिए। कई बार शब्द कोश में दिए गए अर्थों के अलावा भी दूसरे शब्दों का प्रयोग करना पड़े तो करना चाहिए। उदाहरणार्थ—शब्द 'एलर्जी' (Allergy) को ले सकते हैं। इसका शाब्दिक अर्थ शब्दकोशों में प्रत्यूर्जता तथा अधिहृषता दिया हुआ है जो कि आमलोगों के लिए कभी भी सामान्य नहीं बन सकता। यदि हम इसका अर्थ 'प्रतिकूलता' रखें तो क्या उससे 'एलर्जी' होगी। तथा Hi-honey···you look rather···sweet today. इसका अर्थ "शहद-सी मीठी लग रही हो" न करके "प्रिये तुम रूपसि लग रही हो" कहना रूप को और ज्यादा निखारेगा।

शब्दक्रम—कई बार शब्दक्रम का अनुवाद में काफी प्रभाव पड़ता है। अत: शब्दक्रम का ध्यान दिया जाना चाहिए। यथा Speed Breaker ahead.

इसका अनुवाद कई जगह 'गति अवरोधक आगे है'। लिखा हुआ मिलता है लेकिन यह शब्दानुवाद तो ठीक है लेकिन यह वह अर्थ नहीं दे रहा है जो हमें चाहिए। यानी कि गति अवरोधक अभी काफी दूर है। जबकि कहने का तात्पर्य यह है, कि गाड़ी सावधानी से चलाएँ। गति अवरोधक नजदीक है। अत: इसका 'अनुवाद आगे गति अवरोधक है' होना चाहिए।

कई बार कौमा से भी अर्थ बदल जाता है। यथा—मुझे एक खिड़की वाला मकान चाहिए। यदि इसमें कौमा कहीं नहीं लगा हो तो इसके अर्थ हो सकते हैं—

(क) I wanted a one window house.

(ख) I wanted a ventilated house.

यदि हम क अर्थ चाहते हैं तो 'मुझे एक खिड़की वाला, मकान चाहिए', ख के लिए—'मुझे एक, खिड़की वाला मकान चाहिए।' लिखना होगा। अत: यहाँ, कौमा का काफी अर्थ है।

पुनरावृत्ति से बचना—कार्यालयीन अनुवाद में औपचारिकता से बचना चाहिए। जितना हो सके सटीक अनुवाद किया जाए। मितव्ययता बरती जानी चाहिए। यथा 'निवेदन है कि निदेशक मंडल की नवीं बैठक नई दिल्ली में 10.5.90 को प्रात: 10.00 बजे तय की गई है। आपसे अनुरोध है कि बैठक में उपस्थित रहने की कृपा करें।' अब इस मसौदे में शिष्टाचार के निवेदन, अनुरोध, कृपा तीन शब्द आए जबकि 'आपकी उपस्थिति प्रार्थित है' से ही काम चल सकता है। कई बार हम भूल से पुनरावृत्ति कर जाते हैं—Bills are returned herewith का अनुवाद आपको बिल वापस लौटाए जा रहे हैं।

वापस और लौटाए—दोनों का अर्थ एक ही है। अतः या तो कहिए कि बिल वापस किए जा रहे हैं या बिल लौटाए जा रहे हैं। इसी प्रकार कई बार हम कहते हैं कि लगभग 10 आदमी थे। जबकि 10 निश्चित संख्या है तो लगभग लगाने की क्या आवश्यकता है।

विशेष अर्थों में शब्दों का प्रयोग

जन्म दिवस और वर्ष गाँठ में अन्तर है। जब हम कहते हैं कि आज डॉ० आंबेडकर की स्वर्ण जयन्ती है तो इसका अर्थ है कि उनका सौवाँ जन्म दिवस है। जबकि वर्ष गाँठ 99वीं होगी। इसलिए अंग्रेजी वर्थ डे का प्रयोग जन्म दिवस के लिए किया जाना चाहिए। इस प्रकार राष्ट्रपति द्वारा लिखी गयी टिप्पणियों के लिए मिनट्स शब्द का प्रयोग होता है।

नए शब्दों का गढ़ना

अनुवादक/हिन्दी अधिकारी चाहे तो विषय वस्तु के अनुसार शब्दों का निर्माण कर सकते हैं। नए शब्द गढ़ सकते हैं। एक वाक्यांश है जो कि ज्यादातर स्टेटमेंट/विवरणों में आता है incurred by यानी कि जिसके द्वारा खर्च/व्यय किया गया है तो हम इसके लिए 'व्ययक' शब्द का प्रयोग कर सकते हैं। इसी प्रकार सप्लायर के लिए 'आपूर्तक' का प्रयोग कर सकते हैं। शब्द एपिटाइजर का अर्थ शब्दकोश में क्षुधावर्धक दिया है लेकिन हमारे विचार में यदि इसका रुचिकाएँ बना दिया जाए तो रुचिकर लग सकता है जो कि भूख भी बढ़ायेगा। शब्द Paid का अर्थ कई जगह प्रदत्त किया गया है जबकि पेड़ में भुगतान किया गया का आशय है भुगतान किया दो शब्द हो जाते हैं। ऐसे में हम 'भुगताया या भुक्त' कहें तो काम चल सकता है। हम हिन्दी की प्रकृति को ध्यान में रखते हुए अंग्रेजी के शब्दों का गठन कर सकते हैं। यथा साइक्लिस्ट के लिए दूधिया (दूधवाला) के समानांत्तर साइकिलिया बनाएँ तो क्या वह साइकिल नहीं चलाएगा। इसी प्रकार एक शब्द है Florist जिसका अनुवाद आज तक फूल वाला किया गया है। फूल वाला में दो शब्द हैं जबकि फ्लोरिस्ट केवल एक शब्द है। अतः हम संस्कृत का सहारा लेकर शब्द शिल्पी के समानांतर पुष्पी गढ़ सकते हैं। निष्कर्षत : उपर्युक्त विवेचन से यह बिलकुल स्पष्ट है कि **अनुवाद न विज्ञान है न कला, यह एक व्यवहार है।**

अनुवाद और प्रैग्मैटिक्स

प्रैग्मैटिक्स का अर्थ होता है संदर्भगत अर्थ और अनुवाद में इसका अत्यधिक महत्त्व होता है। हरेक भाषा में जहां एक ओर कई अर्थों के लिए एक ही शब्द होता है वहीं कई शब्दों के अनेक अर्थ होते हैं हालांकि यह नितांत सत्य है कि कोई शब्द किसी का ठीक प्रतिपूरक नहीं होता है। नजदीकी अर्थ देता है यथा —वायु के पर्यावाची शब्द लीजिए—वायु, समीर, पवन, मारुति, हवा। इन सभी शब्दों के अर्थ प्रैगमैटिक्स के आधार पर अलग-अलग ही बनते हैं जैसे सबेरे-सबेरे चलने वाली हवा को समीर कहते हैं, पहाड़ों से आने वाली हवा को मलयानिल कहते हैं जब, हम साइकिल वाले से जाकर कहते हैं कि ट्यूब में हवा भर दे तो यह अलग प्रयोग हुआ। हम उससे वायु भरने को नहीं कहते हैं। जब सन-सन करती हुई हवा चलती है तो उसे पवन कहते हैं और जब हवा और ज्यादा तेज हो जाती है और पेड़ पौधों को उखाड़ने लगती है तो उसे मारुति कहने लगते हैं (सुप्रसिद्ध तेज धावक कार 'मारुति' का नाम भी इसी सन्दर्भ में देखा जा सकता है) और जब यह हवा तेज चलते हुए चक्र रूप में घूमने लगती है तो वह 'चक्रवात' हो जाती है।

हिन्दी में प्रैग्मैटिक्स को प्रमाणित करने वाले बहुत से उदाहरण हैं—

चिरजीवो जोरी जुरै क्यों न सनेह गंभीर।
को घटि वो वृषभानुजा वो हलधर के बीर॥

इस दोहे में बृष भानुजा और हलधर के दो दो—राधा-गाय-बैल-श्रीकृष्ण अर्थ हैं।

दूसरा उदाहरण देखिए—

रहिमन पानी राखिए बिन पानी सब सून।
पानी गयौ न ऊबरौ मोती मानुष चून॥

यहां पानी शब्द के अर्थ जल, चमक, इज्जत आदि हैं।

एक और बहुत प्रसिद्ध दोहा है—

सारंग ने सारंग गह्यो सारंग बोल्यो आय।
जो सारंग सारंग कहे तो सारंग निकसौ जाय॥

अर्थात् मोर ने सर्प को पकड़ लिया 'इतने में बाज आ गया' ऐसे में यदि मोर सारंग यानी मेघ-मेघ चिल्लाता है तो उसके मुख से सांप निकल जाएगा, द्विविधा में फँस गया है बेचारा।

ठीक इसी प्रकार जैसे कि कभी-कभी अनुवादक द्विविधा में फँस जाता है कि इस अंग्रेजी के शब्द के लिए क्या शब्द डाला जाए—

उदाहरण 1—

This is a story of four people named—everybody, somebody, anybody and nobody. There was an important job to be done and everybody was sure that somebody would do it. Anybody could have done it, but nobody did it. Somebody got angry about that, because it was everybody's job. Everybody though anybody could do it, but nobody realized that everybody would not do it. It ended up that everybody blamed somebody when nobody did what anybody could have done! It is the reality of life.

जब इस लघुकथा को हिन्दी अनुवाद के लिए हिन्दी कार्यशाला के प्रतिभागियों को दिया गया तो सभी ने इसका अनुवाद अपने-अपने तरीके से अलग-अलग किया। अधिकांश ने इस लघु कथा में आए चारों शब्दों एवरीबडी, समबडी, नोबडी और एनीबडी की हिन्दी कर डाली। जबकि प्रकृति का नियम है कि हम किसी का नाम कैसे बदल सकते हैं! क्या सूर्य प्रकाश को हम अंग्रेजी में ट्रांसलेट करते हुए सनलाइट कहेंगे और क्या मिस मेरी को कुमारी प्रसन्ना करना प्रसंद करेंगे नहीं। क्योंकि ये नाम हैं और नामों को हिन्दी अंग्रेजी नहीं होती है। नाम सिर्फ नाम होते हैं। अतः इस लघु कथा में आए इन चारों शब्दों को ज्यों का त्यों रखते हुए अनुवाद करना होगा।

"यह कहानी एवरीबडी, समबडी, ऐनीबडी और नोबडी नामक चार व्यक्तियों की है। उन चारों के पास एक आवश्यक कार्य था जिसके बारे में एवरीबडी को पक्का विश्वास था कि उसे समबडी कर लेगा। ऐनीबडी उसे कर सकता था लेकिन नोबडी ने उसे पूरा कर दिया। समबडी इस बात पर गुस्सा हो गया क्योंकि यह तो एवरीबडी का कार्य था। एवरीबडी ने सोचा कि ऐनीबडी इसे कर लेगा लेकिन नोबडी ने महसूस किया कि एवरीबडी इसे नहीं करेगा। अंत में एवरीबडी ने समबडी पर आरोप लगाया कि जब नोबडी ने इसे कर लिया तो ऐनीबडी क्या करता। यही जीवन का सत्य है।

उदाहरण 2—

It has been reported that there were number of cases of dog biting during last year. Action for killing/catching of the stray dogs will be taken soon in our colony. All the residents of the colony are hereby informed that if anybody has kept a dog as a pet dog, he should register it with our Estate Office and ensure immunisation of pet dogs periodically.

"प्राप्त सूचनानुसार पिछले वर्ष कुत्ता काटने की कई घटनाएँ घटित हुईं। शीघ्र ही अपनी कॉलोनी में आबारा कुत्तों को मारने/पकड़ने की कार्यवाही शुरू की जाएगी। अतः कॉलोनी के समस्त आवासियों से अनुरोध है कि यदि कोई अपने घर में पालतू कुत्ता रखता है तो वह इस बात की जानकारी हमारे सम्पदा कार्यालय में दर्ज कराए तथा कुत्ते को आवर्ती टीके लगवाए जाने के बारे में भी आश्वस्त करे।"

इस उदाहरण की पहली लाइन में हमने "घटनाएँ घटित हुईं" वाक्यांश देअर वर नंबर ऑफ केसेज के लिए प्रयुक्त किया है। इस प्रकार हमे कई बार अनुवाद करते समय कुछ छोड़ना पड़ता है और कुछ जोड़ना पड़ता है।

निष्कर्षतः हम पाते हैं कि अनुवाद में प्रैग्मैटिक्स का बहुत महत्त्व है।

राजभाषा सम्बन्धी विभिन्न समितियाँ

1. केन्द्रीय हिन्दी समिति

यह समिति संविधान, राजभाषा अधिनियम, 1963 और राजभाषा (संघ के शासकीय प्रयोजनों के लिए प्रयोग) नियम, 1976 में किए गए उपबंधों और सरकार द्वारा समय-समय पर जारी किए गए निदेशों/अनुदेशों की पृष्ठभूमि में हिन्दी के प्रचार-प्रसार तथा सरकारी कामकाज में हिन्दी के प्रगामी प्रयोग के सम्बन्ध में भारत सरकार के विभिन्न मंत्रालयों/विभागों द्वारा बनाए गए कार्यक्रमों और किए गए कार्यों का समन्वय करती है। यह समिति राजभाषा नीति के सम्बन्ध में आवश्यक दिशा निर्देश देने वाली सर्वोच्च समिति है। प्रधानमंत्री जी की अध्यक्षता में गठित इस समिति में प्रधानमंत्री जी के अलावा कुछ प्रमुख केन्द्रीय मंत्री, कुछ राज्यों के मुख्यमंत्री, संसद सदस्य तथा हिन्दी एवं अन्य भारतीय भाषाओं के विशिष्ट विद्वान, सदस्य हैं। राजभाषा विभाग के सचिव एवं भारत सरकार के हिन्दी सलाहकार इस समिति के सदस्य सचिव हैं।

2. हिन्दी सलाहकार समितियाँ

जनता से सम्पर्क रखने वाले विभिन्न मंत्रालयों/विभागों के सम्बन्धित मंत्रियों की अध्यक्षता में हिन्दी सलाहकार समितियों का गठन किया गया है। ये समितियाँ अपने-अपने मंत्रालयों/विभागों/उपक्रमों में हिन्दी की प्रगति की समीक्षा करती हैं, विभाग में हिन्दी के प्रयोग को बढ़ाने के तरीके सोचती हैं और राजभाषा नीति के अनुपालन के लिए ठोस कदम उठाती हैं। नियमानुसार इनकी बैठकें 3 महीने में एक बार अवश्य होनी चाहिए।

3. नगर राजभाषा कार्यान्वयन समितियाँ

बड़े-बड़े नगरों में जहाँ केन्द्रीय सरकार के दस या उससे अधिक कार्यालय हैं वहाँ नगर राजभाषा कार्यान्वयन समितियों का गठन किया गया है। इनकी अध्यक्षता नगर के वरिष्ठतम अधिकारी करते हैं। इन समितियों की बैठकों में नगर में स्थित सभी केन्द्रीय सरकारी कार्यालयों तथा उपक्रमों के प्रतिनिधि भाग लेते हैं, अपने-अपने कार्यालयों की तिमाही प्रगति रिपोर्ट की समीक्षा करते हैं और हिन्दी के इस्तेमाल को बढ़ाने के लिए सुझाव देते हैं। नियमानुसार इन समितियों की बैठकें वर्ष में दो बार होनी आवश्यक है।

4. केन्द्रीय राजभाषा कार्यान्वयन समिति

यह समिति राजभाषा अधिनियम, 1963 और राजभाषा नियम, 1976 के उपबन्धों के अनुसार सरकारी प्रयोजनों के लिए हिन्दी के अधिकाधिक प्रयोग, केन्द्रीय सरकार के कर्मचारियों के हिन्दी प्रशिक्षण और उपर्युक्त के सम्बन्ध में राजभाषा विभाग द्वारा समय-समय पर जारी किए अनुदेशों के कार्यान्वयन का पुनरीक्षण करती है और उनके अनुपालन में पाई गई कमियों और कठिनाइयों को दूर करने के लिए उपायों के बारे में विचार करती है। राजभाषा विभाग के सचिव इस समिति के अध्यक्ष और विभिन्न मंत्रालयों/विभागों की राज-भाषा विभाग के सचिव इस समिति के अध्यक्ष और विभिन्न समितियों के सदस्य होते हैं।

5. राजभाषा कार्यान्वयन समितियाँ

हिन्दी के प्रगामी प्रयोग की समीक्षा करने के लिए प्रत्येक मंत्रालय/विभाग में एक-एक राजभाषा कार्यान्वयन समिति बनाई गई है जिसकी अध्यक्षता साधारण तथा संयुक्त सचिव विभाग प्रमुख तथा कहीं-कहीं अपर सचिव स्तर के अधिकारी करते हैं। संबद्ध और अधीनस्थ कार्यालयों में भी, जहाँ चतुर्थ श्रेणी कर्मचारियों को छोड़कर 25 अथवा उससे अधिक कर्मचारी हैं, राजभाषा कार्यान्वयन समितियाँ बनाई गई हैं। इनकी बैठकें हर तिमाही में एक बार बुलाई जानी अपेक्षित है। समिति की बैठकों में राजभाषा अधिनियम, 1963 और उनके अन्तर्गत बने राजभाषा नियम, 1976 तथा अन्य आदेशों के अनुसार हिन्दी के प्रयोग की स्थिति की समीक्षा की जाती है और कमियों को दूर करने के उपाय किए जाते हैं। इन समितियों में सम्बन्धित विभाग या कार्यालय के ही अधिकारी होते हैं जो वहाँ होने वाले कार्यों और वहाँ की कठिनाइयों आदि से परिचित होते हैं और उनका हल अच्छी तरह सोच सकते हैं।

6. संसदीय राजभाषा समिति

राजभाषा अधिनियम 1963 की धारा 4 के तहत यह समिति गठित की गई है। इसमें 20 लोक सभा के व 10 राज्य सभा के सदस्य होते हैं जिनका चुनाव एकल संक्रमणीय तरीके से किया जाता है। इस समिति में 10-10 सदस्यों वाली 3 उपसमितियाँ बनाई गई हैं, प्रत्येक उपसमिति का एक समन्वयक होता है। यह समिति केन्द्र सरकार के अधीन आने वाली/सरकार द्वारा वित्त घोषित सभी संस्थानों का समय-समय पर निरीक्षण करती है और राष्ट्रपति को अपनी रिपोर्ट प्रस्तुत करती है राष्ट्रपति इस रपोर्ट को संसद के प्रत्येक सदन में रखवाते हैं और राज्य सरकारों को भिजवाते हैं। राजभाषा के क्षेत्र में यह सर्वोच्च अधिकार प्राप्त समिति है।

हिन्दी वर्तनी की कुछ सामान्य भूलें

हिन्दी भारत के एक विशाल भू-भाग की भाषा है अतः इसकी वर्तनी का क्षेत्रीय परिवर्तन होना स्वाभाविक है। कहीं भैंस के बच्चे को पाडा कहते हैं तो कहीं पड्डा, कहीं पड़रा कहते हैं तो कहीं कटरा, काटडा आदि। इसी प्रकार कहीं दूध बिलोने वाली लकड़ी को मथानी कहते हैं तो कहीं रई। इस प्रकार के बहुत से शब्द हैं जिनके कि क्षेत्रीय पर्याय चल रहे हैं।

यह समस्या क्षेत्रीय ही नहीं अपितु मानक हिन्दी में भी है। आज भी बहुत से ऐसे शब्द हैं जिनकी दो-दो वर्तनियाँ चल रही हैं—बहन बहिन, कैलास कैलाश, वापस वापिस, सामग्री सामग्रो, पहला पहिला आदि।

व्याकरण, वर्तनी एवं लिपि के सम्बन्ध में भाषा-विज्ञान की अपनी एक अहम् भूमिका रही है। उसने कुछ समस्याओं के सरलीकरण व मानवीकरण की दृष्टि से सिफारिशें दी हैं जिनको कि यहाँ संक्षेप में लिया जा रहा है—

य, व की समस्या—आज भी हिन्दी में बहुत से ऐसे शब्द प्रचलित हैं जिनमें य व और ए मुक्त परिवर्तन के रूप में प्रयुक्त किए जाते हैं—

जायेगा/जावेगा, जायगा और जाएगा। प्रश्न उठता है कि इन सब में मानक किसे माना जाए। वस्तुतः व्याकरण के नियमानुसार—

चलेगा या पढ़ेगा—

चल्+ए+गा=चलेगा

पढ्+ए+गा=पढ़ेगा

यानी कि मूल धातु+ए+गा=एगा इसलिए जायेगा, जावेगा, जायगा और जाएगा में मूल सत्ता ए (स्वर) की रही अतः जाएगा रूप सही है।

य और ई की समस्या—इसी प्रकार आयी, पायी, नयी वाले रूप अमानक हैं और इन्हें क्रमशः आई, पाई और नई लिखना चाहिए।

अब प्रश्न उठता है कि जब पायी और नयी को पाई और नई लिखा जाए तो पाया और नया को पाआ और नआ क्यों नहीं लिखा जाना चाहिए? इसमें वास्तविकता तो यह है कि हिन्दी व्याकरण के अनुसार धातु+आ=पा+आ=पाआ, चल्+आ=चला, पढ़्+आ=पढ़ा ही बनता है। मगर उच्चारण की

सुविधा के लिए पाआ को पाया पढ़ा जाता है। लिखने में और उच्चारण में कई बार अन्तर रहता है जैसे सिह को सिघ शक्ति को शकी उच्चारित किया जाता है।

इसी प्रकार महिलायें, अप्सरायें, मातायें, लतायें, बायें, दायें वाले सभी रूप अमानक हैं और इन्हें क्रमशः महिलाएँ, अप्सराएँ, माताएँ, लताएँ, बाएँ, दाएँ, ही लिखा जाना चाहिए।

अ और व की समस्या—उपर्युक्त के ही अनुसार जहाँ अ और व विकल्प के रूप में आते हों वहाँ अ, स्वर वाले रूप मानक माने जाने चाहिए यथा सूवा, कौवा वाले रूपों को क्रमशः सूआ, कौआ आदि ही लिखना चाहिए।

ं और ँ की समस्या—ं अनुस्वार है और यह अधिकांशतः नासिक्य व्यंजनों ङ् ञ् ण् न् और म् के विकल्प के रूप में प्रयुक्त होता है और यह व्याकरण के अनुसार अपने वर्ग के सभी पूर्व अक्षरों के पहले प्रयुक्त होते हैं यथा—

क ख ग के पूर्व ङ्	पङ्क, पङ्खा, गङ्गा, कङ्घा
च छ ज झ के पूर्व ञ्	चञ्चल, वाञ्छित, सञ्जय, मञ्झा
ट ठ ड ढ के पूर्व ण्	टण्टा, डण्ठल, पाण्डेय, पुण्ढीर
त थ द ध के पूर्व न्	पन्त, पन्थ, चन्द, बन्ध
प फ ब भ के पूर्व म्	कम्पन, गुम्फित, बम्बई, कुम्भ

मगर भाषा विज्ञान की सिफारिश के अनुसार प्रिंटिंग और टाइपिंग की सुविधा के लिए अब इन पाँचों नासिक्य व्यंजनों के स्थान पर विकल्प के रूप में अनुस्वार का प्रयोग किया जा सकता है और अब उपर्युक्त सभी शब्दों को क्रमशः लिखा जाना चाहिए—

पंक, पंख, गंगा, कंघा, चंचल, वांछित, संजय, मंझा, टंटा, डंठल, पांडेय, पुंढीर, पंत, चंद, बंध, कंपन, गुंफित, बंबई, कुंभ। सम्बन्ध को अब संबंध लिखा जा सकता है। देखा संबंध कितने छोटे हो गए और आज के जमाने में संबंध जितने छोटे हों उतने अच्छे।

मगर इसके कुछ अपवाद भी हैं और अपवाद मात्र वहीं पर जहां कि मूल सना ही उपर्युक्त व्यंजनों में से किसी एक की होती है जैसे—

वाङ्मय और पराङ्मुख—

अक्षुण्ण, मृण्मय, पुण्य, कण्व, अन्न, जन्म, अन्य, अन्वेषण, कान्ह, किन्हें, निम्न, सामान्य, साम्य, विनम्र, अम्ल, तुम्हें आदि।

ँ को अनुनासिक कहते हैं। इसकी मूल सना नहीं है। यह मात्र प्रत्येक स्वर को अनुनासिक बनाने के लिए ही प्रयुक्त होता है जैसे अँ, आँ, इँ, उँ, ऊँ, एँ, जैसे बिँधना, मेँ, सिँह आदि रूप ही सही हैं मगर भाषा विज्ञान की सिफारिश के अनु-

सार टंकण और मुद्रण के सुविधा के लिए अनुनासिक का प्रयोग सिर्फ वहाँ होता है जहाँ कि शिरोरेखा के ऊपर कोई अन्य मात्रा नहीं होती है और जहाँ शिरोरेखा के ऊपर मात्रा होती है वहाँ ँ का प्रयोग न करके ं का प्रयोग ही किया जाना चाहिए।

जैसे—ईंट, बिंधना, सिंह, ओंकार, होंठ आदि मगर जहाँ शिरोरेखा के ऊपर कोई मात्रा न हो वहाँ केवल ँ का प्रयोग करना चाहिए जैसे—महिलाएँ अप्सराएँ आदि।

मगर जब दो वर्तनी एक सी हों वहाँ दोनों का प्रयोग अलग अलग करना चाहिए अन्यथा अर्थ का अनर्थ हो जाएगा जैसे—रंग (Colour) और रँग (To Dye), हंस (Swan) और हँस (To laugh) इन दोनों में मूल अन्तर यह है कि ं के उच्चारण में हवा (आवाज) नाक के स्वर निकलती है ँ के उच्चारण में हवा नाक और मुख दोनों से निकलती है। अतः इन दोनों का प्रयोग बहुत ही सोच-समझ कर किया जाना चाहिए।

ऋ, र और रि की समस्या : ऋ एक स्वर है जो केवल संस्कृत शब्दों के आदि में आता है जैसे ऋषि, ऋतु, ऋचा आदि। अन्यथा अधिकांशतः इसकी मात्रा ृ का ही प्रयोग होता है; वह भी संस्कृत से आगत शब्दों में जैसे—कृष्ण, दृग, मृग आदि।

ऋ, का उच्चारण ब्रज प्रदेश में र, महाराष्ट्र, गुजरात एवं दक्षिण प्रांतों में रु तथा मानक हिन्दी में रि के समान होता है जैसे मृग को ब्रज प्रदेश में Mrag; गुजरात, महाराष्ट्र, आंध्र आदि में Mrug तथा मानक हिन्दी में Mrig उच्चारण करते हैं।

इसके विपरीत र व्यंजन हैं जिसके उपरूप ्र (अग्र), ्र (ट्रेन), र्‍ (कर्म) व/ (ह्रास) आदि प्रयुक्त होते हैं इसलिए ब्रज को बृज लिखना अमानक है क्योंकि हिन्दी में बृज कोई शब्द ही नहीं है।

रि और ऋ में भी भ्रांतियाँ हो जाती हैं और लोग मात्रिक (मात्रा संबंधी) और मातृक (माँ संबंधी) को एक ही जैसा लिख जाते हैं। इसी प्रकार दो शब्दों की सन्धि के मध्य आया आधा र अपने से दूसरे व्यंजन पर र्‍ मात्रा के रूप में परिवर्तित हो जाता है यथा—उपर्युक्त, कार्यवाही, अन्तर्राष्ट्रीय।

क़ ख़ ग़ ज़ फ़ तथा ऑ की समस्या

क़ ख़ ग़ ज़ फ़ तथा ऑ आगत ध्वनियाँ हैं अतः इनका प्रयोग आगत शब्दों में अवश्य ही किया जाना चाहिए अन्यथा अर्थ का अनर्थ हो सकता है। ऑ का प्रयोग केवल अंग्रेजी शब्दों में ही किया जाता है।

(1) ताक़ (आला) ताक (देखना)
(2) ख़ाना (कॉलम) खाना (भोजन)
(3) बाग़ (उपवन) बाग (लगाम)
(4) फ़न (कौशल) फन (मुंह)
(5) कॉफी (पेय) काफी (अधिक)
(6) बॉल (गेंद) बाल (केश)
(7) हॉल (कमरा) हाल (तत्काल)
(8) जरा (बुढापा) ज़रा (कम)
(9) राज (राज्य) राज़ (रहस्य)
(10) बेगम (स्त्री) बेग़म (निश्चित)

हलंत चिन्ह लगाने की परम्परा

संस्कृत परम्परा के अनुसार उन शब्दों की अन्तिम ध्वनि में हलंत लगाया जाता था जिनका कि उच्चारण बिना अ के होता था जैसे—वाक् (Vak) सन् (San) अर्थात जिन शब्दों का अन्तिम अक्षर बिना स्वर की सहायता के उच्चारित होता था।

मगर अब भाषा विज्ञान के आधार पर हिन्दी की किसी भी ध्वनि के अन्त में हलंत लगाना आवश्यक नहीं रखा है।

क्योंकि अगर महान शब्द में हलंत लगा कर महान् शब्द से अगर महान् + ता = बनाएं तो महान्ता बनेगा। जबकि शब्द महानता है। अतः अब हिन्दी के किसी भी शब्द की किसी भी ध्वनि में हलंत लगाना उचित नहीं है। अर्थात् पृथक, वाक, जगत आदि बिना हलंत के ही लिखे जाने चाहिए।

विसर्ग परम्परा

शब्द के अन्त में विसर्ग का प्रयोग किया जाना चाहिए वो भी केवल संस्कृत शब्दों में अन्यथा बीच में विसर्ग लगाने की कोई जरूरत नहीं है जैसे दुःख न लिख कर दुख लिखना चाहिए। क्योंकि अगर दुःख से दुखिया बनेगा तो विसर्ग अपने आप हट जाता है। अतः विसर्ग नहीं लगाना ही उचित है।

अंग्रेजी परम्परा का दुष्प्रभाव

क्योंकि हमारे यहां हिन्दी में प्रत्येक व्यंजन ध्वनि के साथ स्वर का मेल रहता है अतः अंग्रेजी में लिखते समय स्वर का प्रयोग किया जाता है जैसे—

राम = र् + आ + म् + अ RAMA

शुक्ल = श् + उ + क् + ल् + अ SHUKLA

मिश्र = म् + इ + श् + र् + अ MISHRA

सिंह =स्+इ+न्+ह्
+अ SINHA

पाश्चात्य शौकिया लोगों ने इन्हें क्रमशः रामा, शुक्ला, मिश्रा एवं सिंहा पढ़ना शुरू कर दिया जबकि हमारे यहाँ हिन्दी में 'आ' प्रत्यय लगाने से स्त्री लिंग रूप बना जाता है जैसे सुत=सुता, प्रिय=प्रिया। इस प्रकार अच्छे-भले पुरुष वर्ग के लोगों को रामा, शुक्ला, मिश्रा एवं सिन्हा, चन्द्रा, कृष्णा, पुकार कर स्त्री वर्ग में धकेल दिया। उपहास का विषय तो जब और बना जबकि एक पाश्चात्य टाइप व्यक्ति ने वैश्य जी (जाति का नाम) को वैश्या जी कह कर पुकारा।

अतः हमें तुरन्त ही इस अंग्रेजी परम्परा का त्याग कर देना चाहिए और शुक्ल, मिश्र, सिंह, चंद्र, राम आदि वाले रूप ही लिखने और उच्चारित करने चाहिए।

अन्तरराष्ट्रीय और अन्तर्राष्ट्रीय

अंग्रेजी में दो शब्द हैं inter और Intra. Inter का अर्थ होता है बाह्य और Intra=अन्तः। अतः जब हम विश्व स्तर की बात करते हैं तो हमेशा अन्तरराष्ट्रीय शब्द लिखना चाहिए और जब देश के भीतर की बात करते हैं तो अन्तर्राष्ट्रीय या अन्तार्राष्ट्रीय लिखना चाहिए। वस्तुतः देश के अन्दर की बातों के लिए अन्तर्राष्ट्रीय न लिखा जाए अन्तर्देशीय शब्द लिखना चाहिए। जैसे कि Inland Letter के लिए लिखा जाता है।

ड और ड़ की समस्या

अंग्रेजी के शब्दों में प्रयुक्त होता है जैसे—रोड, सोडा आदि ड़ का प्रयोग अंग्रेजी शब्दों में कभी भी नहीं होता है, यह केवल हिन्दी शब्दों में होता है जैसे गोड़, गाड़ी, घड़ी आदि।

चाहिए/चाहिएं—

कुछ लोग समझते हैं कि चाहिएं का प्रयोग बहुवचन के लिए किया जाता है जबकि यह गलत है। अतः मानक वर्तनी की दृष्टि से केवल चाहिए रूप ही मानक है।

प्रावधान/प्राविधान/प्रविधान

इन दोनों का प्रयोग अंग्रेजी के शब्द "प्रोवीजन" के लिए किया जाता है। अधिकांशतः लोग प्रावधान का प्रयोग करते देखे जाते हैं जबकि यह वर्तनी की दृष्टि से गलत है। वस्तुतः सही शब्द प्रविधान है। प्र+विधान=प्रविधान यानी कि पहले से किया गया विधान। प्रविधान से शब्द प्राविधान बन गया।

प्रायोजित=प्र+आयोजित=प्रायोजित यानी कि पूर्व आयोजित। प्रायोजित के समानान्तर प्रविधान से प्राविधान होते हुए प्रावधान हो गया जिसका अर्थ बिलकुल ही उल्टा होता है। अतः मानक वर्तनी की दृष्टि से शब्द प्रविधान, ठीक है।

लिपि

लिपि के सम्बन्ध में भी भाषा विज्ञान ने बहुत कुछ सुधार किए हैं यथा पहले ख को रव लिखा जाता था जिसके कारण खड़ी (Stood) रवडी (Milk Sweet) तथा रव=शोरगुल और ख=(Sky) में कोई अन्तर नहीं मालूम पड़ पाता था। अतः भाषा विज्ञान ने रव के र वाले रूप को व के साथ मिलाकर यथा 'ख' रूप में लिखना सुझाया जो कि दोनों के अन्तर को स्पष्ट करता है।

अंकों की मानक वर्तनी

एक,	ग्यारह,	छब्बीस,	सैंतीस,	सैंतालीस,	इकसठ,	छिहत्तर,	नब्बे,
दो,	पन्द्रह,	सत्ताईस,	अड़तीस	अड़तालीस,	तिरसठ,	सतहत्तर,	इक्यानबे,
तीन,	सत्रह,	अट्ठाईस,	उन्तालीस	उनचास,	पैंसठ,	अठहत्तर,	पच्चानबे,
धार,	अट्ठारह,	उन्तीस,	चालीस,	इक्यावन,	छ्यासठ,	उन्यासी,	छानबे
पाँच,	उन्नीस,	इकतीस,	इकतालीस	तिरपन,	सड़सठ,	इक्यासी,	सत्तानबे,
छह,	इक्कीस,	बत्तीस,	बयालीस,	चौवन,	अड़सठ,	बयासी,	अट्ठानबे,
सात,	बाईस	तैंतीस,	तैंतालीस,	पचपन,	उनहत्तर,	पचासी,	निन्यानबे
आठ,	तेईस,	चौंतीस,	चौआलीस	सत्तावन,	इकत्तर,	छियासी,	
नो,	चौबीस,	पैंतीस,	पैंतालीस,	अट्ठावन,	चौहत्तर,	सत्तासी,	
दस,	पच्चीस,	छत्तीस,	छियालीस,	उनसठ,	पचहत्तर,	अट्ठासी,	

हिन्दी विरोध–एक फैशन

आजकल चेन वाला चश्मा पहनना, अंग्रेजी का अखबार हाथ में रखना आदि फैशनों की तरह हिन्दी का विरोध करना भी एक फैशन बनता जा रहा है। हमारे बहुत से साथी जिनका जन्म हिन्दी भाषी प्रांतों में हुआ, उनकी प्रारम्भिक व माध्यमिक शिक्षा का माध्यम हिन्दी रहा। वे लोग भी कहने लगे हैं कि उन को हिन्दी नहीं आती। स्नातकोत्तर परीक्षा उत्तीर्ण करने के मात्र 4 या 5 वर्ष बाद एक दिवा स्वप्न देखने लगते हैं कि मानो वे अब अंग्रेज हो गए। अगर भूलने वाली ही बात है तो उन्हें सब कुछ भूल जाना चाहिए जबकि अर्थमैटिक (अंकगणित) के जो सूत्र थे उन्हें नहीं भूले, क्यों ? कल को ऐसे लोग कहीं अपने माता-पिता को ही न भूल जाएँ। यह हालत तो भारत में रह रहे हिन्दी भाषी लोगों की है। विदेश में जाने पर तो शायद इन्हें 'भारतीय' कहने में भी शर्म लगती होगी।

बहुत से व्यक्ति हिन्दी का छोटे से छोटा पत्र प्राप्त होने पर जानबूझकर हिन्दी न जानने का स्वाँग रचते हैं। उन्हें हमेशा हीन भावना सताती है कि यदि उन्होंने कह दिया कि उन्हें अच्छी हिन्दी आती है तो उनके अहिन्दी भाषी साथी कहीं उन्हें हेय दृष्टि से न देखने लगें। इसमें हेयता और उत्कृष्टता की कोई बात नहीं। कुछ लोग सोचते हैं हमने हिन्दी तो पढ़ी नहीं है, हम हिन्दी में काम-काज कैसे करें ? हिन्दी से तात्पर्य साहित्यिक हिन्दी से नहीं है। आम बोलचाल की, रोजमर्रा की हिन्दी से है जिसमें सभी भारतीय भाषाओं के प्रचलित शब्दों के साथ विदेशी भाषाओं के भी प्रचलित शब्दों का प्रयोग कर सकते हैं।

सरकारी सेवाएं दो तरह की होती हैं—प्रांतीय और अखिल भारतीय। यदि हम अपना दायरा केवल अपने प्रांत तक सीमित रखना चाहते हैं तो हमें हिन्दी सीखने की आवश्यकता नहीं है। हम प्रांतीय भाषा या अंग्रेजी के माध्यम से काम चला सकते हैं लेकिन यदि अपना व्यक्तित्व अखिल भारतीय स्तर का बनाना चाहते हैं तो हिन्दी सीखनी ही होगी क्योंकि केन्द्र सरकार की अखिल भारतीय सेवाओं के लिए हिन्दी का कार्यसाधक ज्ञान आवश्यक है। राष्ट्रपति के अध्यादेश 1960 के अनुसार केन्द्र सरकार के अधीन कार्य करने वाले प्रत्येक कर्मचारी

को हिन्दी का कार्यसाधक ज्ञान होना अत्यन्त आवश्यक है। यदि किसी कर्मचारी को हिन्दी का कार्यसाधक ज्ञान नहीं है तो संबंधित विभाग का यह दायित्व होता है कि उस कर्मचारी को कार्यालय के समय में सरकारी व्यय पर हिन्दी सिखाए (हमारे यहाँ ऐसी व्यवस्था है) इसके साथ-साथ राजभाषा नियम 1987 के अनुसार कोई भी कर्मचारी अपना सरकारी कामकाज हिन्दी या अंग्रेजी में कर सकता है। यदि किसी कर्मचारी को अंग्रेजी नहीं आती है तो कोई हर्ज नहीं है, वह अपना सरकारी कामकाज हिन्दी में ही कर सकता है, लेकिन यदि किसी कर्मचारी को हिन्दी का कार्यसाधक ज्ञान नहीं तो उसे ऐसा कार्यसाधक ज्ञान प्राप्त कर लेना चाहिए। इस प्रकार हिन्दी का ज्ञान निश्चित ही अखिल भारतीय सेवाओं के द्वार खोलता है, व्यक्तित्व को द्विगुणित करता है।

गूढ़ हिन्दी के प्रयोग से अहिन्दी भाषी क्षेत्र के लोगों में निश्चित ही एक कटुता आ जाती है। अतः हिन्दी का प्रयोग चरणबद्ध तरीके से, सरल से सरल शब्दों के साथ सामंजस्य स्थापित करते हुए करना चाहिए। यूँ यदि बारीकी से देखा जाए तो एक अहिन्दी भाषी क्षेत्र के व्यक्ति की हिन्दी (यदि उसने हिन्दी में उच्च डिग्री प्राप्त की है) वर्तनी व मानकता की दृष्टि से हिन्दी भाषी क्षेत्र के उपाधि धारकों से कहीं अच्छी होती है।

मौलिकता, उत्पादकता और भाषा

मौलिकता और भाषा का आपस में कोई संबंध नहीं है। भाषा केवल विचारों के आदान-प्रदान का ध्वनिक माध्यम है। हमारे देश के कुछ लोगों की मान्यता है कि यदि हमें उन्नति करनी है तो अंग्रेजी भाषा सीखनी ही पड़ेगी। इसका एक अर्थ तो यह स्वतः स्पष्ट हो गया कि हम उन्नत नहीं हैं, उन्नति करनी है।

अब प्रश्न उठता है कि क्या भाषा विशेष में ही मौलिकता होती है तो इस संबंध में हमारा विचार है कि मौलिकता अन्तःवस्तु है, बाह्य नहीं। मानसिक है, भौतिक नहीं और भाषा से उसका कोई संबंध नहीं और न किसी भाषा विशेष से। अगर भाषा विशेष (अंग्रेजी) से ही संबंध होता तो रूस, जर्मनी और जापान तकनीकी के क्षेत्र में उन देशों से काफी पीछे होते, जिनकी कि राष्ट्र भाषा अंग्रेजी है। अब हम इस बात को पुष्ट करते हैं कि मौलिकता सार्वभौमिक वस्तु है और किसी भी देश का, किसी भी भाषा का, किसी भी जाति, किसी भी धर्म का व्यक्ति मौलिक हो सकता, विद्वान हो सकता। अगर ऐसा नहीं होता तो कबीरदास, सूरदास, सी० वी० रमण आदि का कहीं स्थान नहीं हो पाता और इन लोगों को विश्व न जान पाता। मौलिकता का न तो किसी देश से, न किसी भाषा से लगाव है। मौलिकता स्वतः प्रस्फुटित होती है। जब आर्कमिडीज ने पानी में डुबकी लगाई और पानी के उछाल ने उन्हें ऊपर उठाया तो वह स्वतः अपनी भाषा में यूरेका-यूरेका चिल्लाने लगे। तो कहने का तात्पर्य यह है कि मौलिकता एक नितांत आंतरिक वस्तु है। अब हम इस बात की पुष्टि करते हैं कि मौलिकता का भाषा से भी कोई संबंध नहीं है। इस बात को एक ऐसे व्यक्ति के माध्यम से सिद्ध करते हैं जो कि बहरा है और मूक है। अब प्रश्न उठता है कि क्या वह किसी वस्तु का या किसी सिद्धान्त को जन्म दे सकता है या नहीं। जहां तक रही बात आविष्कार की, वह बिलकुल आविष्कार कर सकता है। अपनी समझ से वह कोई भी नवीन खोज कर सकता है क्योंकि उसके पास बुद्धि तत्त्व तो बिलकुल बरकरार है। एक बात इसमें अवश्य है कि वह उस नवीन खोज को व्यक्त नहीं कर सकता है लेकिन जब वह उस खोज को (कोई यंत्र समझ लो) अपनी सूझ-बूझ से बना लेता है और उसका मॉडल विश्व के सामने

रख देता है तो यही मॉडल उसकी अभिव्यक्ति हो गई। आपने देखा होगा कि न जाने कितने साहित्यकार, कलाकार, चित्रकार ऐंसे उत्पन्न हुए हैं जो कि मूक, बहरे तथा अंधे थे। तकनीक को अपनी भाषा में समझकर-समझाकर हम अपने देश की वस्तुओं का उत्पादन भी बढ़ा सकते हैं।

जहाँ तक प्रश्न है कि हिन्दी में तकनीकी साहित्य उपलब्ध नहीं है तो इस संबंध में हमें विनम्र निवेदन करना है कि हम अपने अन्दर ऐसी मौलिकता उत्पन्न करें कि विश्व के लोग हमारी मौलिकता का अनुसरण करें और निश्चित है कि वे फिर अपनी भाषाओं में हमारी इस मौलिकता का रूपांतरण करेंगे तो उनके लिए हमारी भाषा समृद्ध हो जाएगी और हमारी भाषा को सीखने लगेंगे। तो आज जरूरत हमें अत्यन्त मनन करने की, अपने अन्दर मौलिकता पैदा करने की है। और जिस दिन हमारे देश का प्रत्येक व्यक्ति, चाहे वह तकनीकी, चिकित्सा, कृषि, साहित्य किसी क्षेत्र से भी जुड़ा है, अपनी मौलिकता का प्रदर्शन विश्व के सम्मुख करेगा तो निश्चित ही हम और हमारी भाषा आज जिनका हम अनुसरण कर रहे हैं, कल हम उनके आदर्श बन जाएंगे।

राष्ट्रपति और राजभाषा

हमारे देश के राष्ट्रपति ने देश की राजभाषा को जितना प्रसारित प्रचारित किया है, काश हमारे अन्य राजपुरुष उनसे सबक लेते तो हिन्दी न जाने कहां की कहां पहुंच गई होती ? बहुतों का तो मानना यह है कि हमारे [तत्कालीन] राष्ट्रपति ज्ञानी जैलसिंह जी को अंग्रेजी नहीं आती, अत: हिन्दी में बोलते हैं। वैसे तो इस बात में कोई दम नहीं है कि जो आदमी बचपन से ही राजनीति में विधायक, सांसद, मन्त्री, मुख्यमन्त्री, गृहमन्त्री आदि रहा हो, उसे कामचलाऊ भी अंग्रेजी नहीं आती होगी। यह हो ही नहीं सकता। चलो मान लिया कि अंग्रेजी नहीं आती तो प्रश्न है कि क्या यह अयोग्यता है ? नहीं-नहीं, यह महत्ता है कि देश का राष्ट्रपति देश की भाषा में अपने भाषण विदेशों में दे रहा है। दिन-प्रतिदिन अपनी भाषाओं की वकालत कर रहा है।

अंग्रेजी बोलना और पढ़ना एक फैशन बन गया है, चाहे अंग्रेजी आती ही न हो···। अंग्रेज तो चले गए लेकिन अंग्रेजी छोड़ गए और हम हैं कि अभी तक उसका दामन थामे बैठे हैं। राजभाषा की वकालत करते हुए आगे श्री जैलसिंह ने अपने एक भाषण में कहा—

"राजभाषा हिन्दी का उपयोग एक संवैधानिक आवश्यकता है। साथ ही प्रशासन को जनता के नजदीक लाने के लिए भी जनभाषा का होना जरूरी है।" उन्होंने खेद व्यक्त किया कि हिन्दी को अभी भी हीनता की दृष्टि से देखा जाता है। उन्होंने कहा कि अंग्रेजी की दासता को अधिक समय तक ऊपर लादे रहना शोभा नहीं देता है। इसलिए सरकार का यह कर्तव्य हो जाता है कि वह अपने कार्यालयों में हिन्दी के उपयोग को अधिक से अधिक बढ़ावा दें।

संविधान निर्माताओं ने हिन्दी को राजभाषा का स्थान केवल इसलिए नहीं दिया क्योंकि हिन्दी देश की सबसे समृद्ध भाषा है वरन इसलिए दिया कि इसे देश के अधिकतर लोग बोल और समझ सकते हैं। उन्होंने कहा कि केवल हिन्दी ही सभी भारतीय भाषाओं के बीच कड़ी का काम कर सकती है।

राष्ट्रपति ने स्पष्ट किया कि "हिन्दी का किसी भी भारतीय भाषा से टकराव नहीं है। देश की सभी भाषाएं अपनी हैं लेकिन हिन्दी की सफलता और व्यापकता के कारण ही उसका उपयोग सम्पूर्ण भाषा के रूप में करना होगा।"

निष्कर्षत: हम अपने सभी राजनेताओं से निवेदन करेंगे कि वह भाषा के मामले में महामहिम राष्ट्रपति जी की समृद्ध परम्परा को आगे बढ़ाएं। हिन्दी को आगे बढ़ाएं।

शब्द-गंध

वाक्य में प्रयुक्त सार्थक ध्वनियों के समूह को शब्द कहते हैं। सामाजिक, सांस्कृतिक परिवर्तन के साथ-साथ शब्द परिवर्तित होते हैं। मरते रहते हैं और जन्मते रहते हैं। जीवन और मृत्यु की तरह। अब मन, सेर, छटांक, तोला, माशा, रत्ती को ही ले लो ये मर गए कि नहीं मर गए। बिलकुल मर गए और किलोग्राम, मीटर, लीटर आदि शब्दों का जन्म हो गया। शब्द मंजते भी हैं शब्द भुनते भी हैं। शब्दों का अपकर्ष भी होता है और उत्कर्ष भी। शब्दों में से बू आती है। शब्दों में से खुशबू। जैसे—शब्द 'बू' में से 'बू' और खुशबू में से खुशबू आ रही है। वास्तविकता तो यह है कि यह बदलाव मानसिक है। वस्तुओं का है।

शब्द मिलते हैं 'आए विदेश ते प्रान पिया, मतिराम आनंद बढ़ाय अलेखे'। शब्द रोते हैं 'पानी परात को हाथ छुओ नहिं नैनन के जल सों पग धोए।' शब्द करुण हो जाते हैं 'अरी, कौन हो दमयंती सी तुम तरु के नीचे सोई।' शब्द लड़ते हैं—'दुग्ग पर दुग्ग नाचे सरजा शिवाजी गाजी, रुंड मुंड फरके'। शब्द बजते हैं, शब्द नाचते हैं—'कंकण क्वणित रणित नूपुर थे हिलते थे छाती पर हार'। शब्द गरजते हैं—'बुंदेले हरबोलों के मुख हमने सुनी कहानी थी'। शब्द घनघोर करते हैं 'गरजत घन घमंड घन घोरा'। शब्द शृंगारी हैं—'केलि की रात अघाने नहिं पिय दिन ही में पुनि घात लगाई'। शब्द हंसते हैं—कौन कहता है हमारे यहां के मंत्री अंगूठे छाप होते हैं, अरे हमारे यहां के तो जूते तक बी.एस.सी. होते हैं।' शब्द वियोगी हैं—'देखियत कालिंदी अति कारी।' शब्द ही नहीं ध्वनियों में भी बू और खुशबू होती है। ध्वनियां व्यंजित होती हैं। ध्वनित होती हैं। ध्वनियां गुंजित होती हैं, ध्वनियां रंजित होती हैं। ध्वनि 'क' में कर्कशता है तो 'श' में शीतलता, शिष्टता परिलक्षित होती है। 'उ' में उभार, उत्कृष्टता, उछाल दिखाई पड़ता है तो 'ग' में गहराई, 'ल' में लड़कपन है, लालित्य है तो 'र' में रमणीयता लगती है। 'च' में चरचराहट, तो 'झ' में झंकार, 'घ' में घरघराहट है तो 'छ' में छरछराहट। 'भ' में भारीपन है तो 'ह' में हल्कापन।

शब्दों का एक विकास होता है। इस विकास प्रक्रिया में वे सरल से सरलतम होते जाते हैं—शब्द था अध्यापक। इससे अज्झापक बना, अज्झापक से अज्झा हुआ और अज्झा से झा हो गया। इसी प्रकार शब्द पुष्कर को ले सकते हैं। पुष्कर से पुक्खर, पुक्खर से पोखर हो गया। पोखर, पुष्कर शब्दों के मूल अर्थ में कोई फर्क नहीं लेकिन अध्यापक और झा में है। जहाँ एक ओर अध्यापक शब्द विस्तार लिए हुए है। वहीं शब्द 'झा' संकुचित सा लगता है। इस प्रकार शिक्षा से सिक्खा और सिक्खा से सिक्ख बनते हुए शब्द सीख बना लेकिन आज शब्द शिक्षा का अर्थ 'एजूकेशन' है तो सिक्ख एक अलग मतावलंबियों का संघटन है और सीख का अर्थ उपदेश है लेकिन मूल में तीनों का अर्थ एक ही है।

अब शब्दों के उत्कर्ष और अपकर्ष की बात करते है। एक शब्द है 'भंगी'। कोशीय अर्थ है भंग करने वाला। जो कि संस्कृत धातु भंज—तोड़ना। (नाथ शंभु धनु भंजन हारा) से निकला है जिसका अर्थ भंजशील भंग/तोड़ने वाला है साथ में व्यंग्योक्ति यानी कि विचलन है।

श्रीकृष्ण को नटवर और त्रिभंगी इसीलिए कहा गया कि वह तीन भंगिमाएँ बनाकर बांसुरी बजाते थे लेकिन बाद में यह शब्द सफाई मजदूरों के लिए प्रयुक्त होने लगा और अब इस शब्द में से 'बू' आने लगी। 'बू' शब्द में से नहीं आई वस्तु में से आई। यदि सफाई के कार्य करने वालों का नामकरण ब्राह्मण किया जाता तो निश्चित है एवं स्वाभाविक है यह 'बू' शब्द ब्राह्मण में से भी आने लगती और ब्रह्म कार्य करने वाला का नामकरण भंगी कर दिया जाता तो फिर भंगी में से भी वेद सुगंध आने लगती। इसी प्रकार शब्द 'हरिजन' का अपकर्ष हो गया। 'हरिजन' का अर्थ भगवान के भक्त से था लेकिन बाद में वह रूढ़ हो गया, सफाई मजदूरों के लिए।

संस्कृत में शब्द मृग का अर्थ जंगल के सभी जानवरों से है। (हे खग मृग हे मधुकर श्रेनी, तुम देखी सीता मृग नैनी।) जबकि हिन्दी में आते-आते मृग का अर्थ हरिण रह गया। उपर्युक्त चौपाई में एक जगह मृग का अर्थ केवल हरिण से है तो दूसरी जगह जंगल के सभी जानवरों से है।

अर्थशास्त्र के सिद्धांत (हिन्दी में भी अर्थों का शास्त्र है) माँग और आपूर्ति के अनुसार शब्द बनते और बिगड़ते रहते हैं। नए-नए आविष्कारों के साथ-साथ नए शब्द भी गढ़ने पड़ते हैं जैसे डिस्को नया नृत्य था। नया शब्द उसके लिए चाहिए गढ़ लिया। रेडियो के लिए आकाशवाणी शब्द गढ़ा गया जो सटीक है। होटल के समानांतर मोटल और पोटल जैसे शब्द गढ़े गए जो कि सार्थक हैं।

इसी प्रकार रूस में एक नए पौधे का निर्माण किया गया जिसके नीचे आलू लगते हैं और ऊपर टमाटर। इसके पोटेटो व टोमेटो से शब्द 'पोमटो' बनाया। यानी कि शब्दों की संघटना, माँग और आपूर्ति के सिद्धांत पर खरी उतरती है। शब्द मरते हैं, शब्द जन्मते हैं, शब्दों में गंध होती है।

टिप्पण-लेखन

अधिकांशतः सभी कार्यालयों का नब्बे फीसदी कार्य टिप्पण व पत्र-लेखन के माध्यम से संपन्न होता है इसलिए कार्यालयों में काम करने वाले सभी कर्मचारियों को टिप्पण व पत्र-लेखन की जानकारी होना बहुत जरूरी है। खासकर मिनिस्ट्रियल स्टाफ के लिए। पहले हम टिप्पण लेखन विषय पर वांच्छित शब्दों की टीका करेंगे फिर विषय पर अभ्यास प्रस्तुत करेंगे।

टिप्पण

(क) शब्द टिप्पण संस्कृत के शब्द टिप्— (प्रेरणा)+क्विम्, टिप+पन् (स्तुति)+अच् से बना है।

1. जिसका अर्थ होता है—(राजभाषा के मामले में) स्मरण रखने के लिए कोई बात टीपने या संक्षिप्त रूप में लिख रखने की क्रिया।
2. किसी के संबंध में प्रकट किया जाने वाला संक्षिप्त विचार।
3. टीका, व्याख्या।

(ख) यह शब्द 'टीप' का भी भाव कहता है जिसका शाब्दिक अर्थ है—

1. याद रखने के लिए कुछ लिख या टाँक लेना।
2. अंकित करना, निशान लगाना।

टीपने का अर्थ कई बार भवन निर्माण के समय भी प्रयोग किया जाता है। दरारों में भरने के लिए मसाला लगाने की प्रक्रिया भी टीपना होता है और टीपना का अर्थ नकल करना भी लगाया जाता है।

टाँकने का अर्थ भी गहराई से देखें तो इस भाव से मिलता है।

हमारा आशय सूचना, व्याख्या या आलोचना के रूप में लिखी हुई कोई बात (नोट) से है।

इस संदर्भ में कई ऐसे मिलते-जुलते शब्द हम प्रायः सुनते हैं जो कि बहुधा नितांत अलग अर्थ रखते हुए भी एक सा भाव कहते हैं—नोटिंग, नोट, रिमार्क, कमेंट।

नोट

नोट प्रायः मूल रूप में हमेशा ऑरजीनेट किया जाता है। किसी भी मामले में अनुमति लेने के लिए बनाया जाता है। उदाहरणार्थ : हमें कर्म-

चारी वर्ग हेतु हिन्दी कार्यशाला आयोजित करनी है तो इसके लिए हमें पहले एक नोट बनाना होगा जिसमें कार्यशाला के संबंध में प्रतिभागियों के नामांकन व संभावित व्यय की अनुमति ली जाएगी।

किसी भी नोट के प्रायः निम्न भाग हो सकते हैं—

1. तारीख
2. विभाग का नाम
3. विषय
4. पृष्ठभूमि
5. मुख्य बात के बारे में विवरण (यदि एक ही नोट में तीन-चार मुद्दों के लिए अनुमति देनी है तो पैरावाइज प्रस्तुतीकरण।)
6. उपसंहार
7. प्रस्तुतकर्ता
8. अनुमोदनकर्ता

कार्यशाला की अनुमति से संबंधित नोट का प्रारूप निम्न प्रकार हो सकता है—

(टिप्पणी लेखन)

नमूना—1

फरवरी 10, 1990
हिन्दी अनुभाग

हिन्दी कार्यशाला की अनुमति के संबंध में

राजभाषा विभाग, गृह मंत्रालय, भारत सरकार के निर्देशानुसार 'क' क्षेत्र स्थित भारत सरकार के उपक्रमों को वर्ष में छह हिन्दी कार्यशालाएं आयोजित करनी हैं। हम इस वर्ष अब तक पांच हिन्दी कार्यशालाएं आयोजित कर चुके हैं। वार्षिक लक्ष्य के अनुसार हमें एक कार्यशाला 31 मार्च, 90 तक आयोजित करनी है।

हमारा प्रस्ताव है कि हम 21 व 22 फरवरी 90 को (प्रातः 10 बजे से सायं 5 बजे तक) कर्मचारी वर्ग हेतु एक हिन्दी कार्यशाला आयोजित करें।

हिन्दी का कार्यसाधक ज्ञान रखने वाले दो कर्मचारियों को प्रत्येक विभाग से हम इस हिन्दी कार्यशाला में नामित कर सकते हैं।

व्याख्याता के रूप में हम विभागीय व्याख्याताओं के साथ-साथ आगरा, मथुरा व अलीगढ़ स्थित केन्द्र सरकार के प्रतिष्ठानों कें हिन्दी अधिकारियों को आमंत्रित कर सकते हैं। मानदेय निगम नीति के अनुसार देंगे।

इस कार्यशाला पर निम्न व्यय आने की संभावना है।

(क) व्याख्याता मानदेय — रु. 800.00

(ख) प्रतिभागियों हेतु शब्दकोश	रु. 500.00
(ग) भोजन/जलपान	रु. 1000.00
(घ) प्रकीर्ण व्यय	रु. 500.00
कुल योग :	रु. 2800.00

अनुमोदनार्थ प्रस्तुत :

(हिन्दी अधिकारी)

कार्मिक व प्रशासन प्रबंधक
वरिष्ठ कार्मिक व प्रशासन प्रबंधक
मुख्य कार्मिक व प्रशासन प्रबंधक

नोट व नोटिंग में अंतर

नोट ऑरजीनेट किया जाता है जबकि नोटिंग उस नोट पर लिखी जाने वाली क्रिया का नाम है। नोट प्रायः लैटर पैड/लैटर हैड पर नहीं लिखा जाता, अलग शीट पर लिखा जाता है।

नोट व रिमार्क में अंतर

रिमार्क का अर्थ होता है अभ्युक्ति। जैसा कि नाम से स्पष्ट है कि शब्द रिमार्क रि+मार्क से बना है। "मार्क" पहले से था, कोई चीज/वस्तु या अंकन पहले से था उस पर दुबारा से लिखा जाना "रिमार्क" कहलाता है।

अतः रिमार्क हमेशा किसी पहले से तैयार नोट पर ही दिया जा सकता है। रिमार्क को कभी भी ऑरजीनेट नहीं किया जा सकता।

रिमार्क व कमैंट

'रिमार्क' का अर्थ अभ्युक्ति होता है जबकि 'कमैंट' का अर्थ विचार/मत होता है। रिमार्क में केवल कहना होता है। विचार या मत प्रकट करना नहीं होता। कमैंट से ही कमैंट्री व कमैंट्रेटर शब्द बनते हैं। कमैंट को भाष्य टीका करना भी कह सकते हैं।

निष्कर्षतः उपर्युक्त हिन्दी कार्यशाला वाले नोट के ऊपर किसी वरिष्ट अधिकारी द्वारा लिखी जाने वाली टिप्पणी रिमार्क कहलाएगी। रिमार्क देने की प्रक्रिया नोटिंग कहलाएगी। कार्यशाला की समाप्ति पर प्रतिभागियों द्वारा कार्यशाला के बारे में निर्धारित प्रपत्र पर भरवाई जाने वाली मूल्यांकन रिपोर्ट में दर्ज अभियुक्तियाँ कमैंट कहलाएंगी।

उपर्युक्त हिन्दी कार्यशाला वाले नोट की समीक्षा करते हैं

इस नोट में बाएँ हाथ पर शुरू में तारीख दी गई है, उसके नीचे विभाग का नाम है। नीचे विषय दिया गया है। इसके बाद पहले पैरा में पृष्ठभूमि

दी गई है। इसके बाद अनुमोदन हेतु पैरावाइज जिन-जिन बातों की अनुमति लेनी है लिखा गया है। यानी कि एक पैरा में कार्यशाला आयोजित करने की तारीख, दूसरे में प्रतिभागी नामांकन तीसरे में व्याख्याता आमंत्रण, चौथे में धनराशि की स्वीकृति के बारे में उल्लेख किया गया है। इस प्रकार यह नोट अपने आप में पूर्ण है।

अब अनुमोदनकर्ता अधिकारी अपने विवेकानुसार चाहे तो पूरे नोट पर अनुमति दे या इसके किसी पार्ट पर 'क', 'ख', व 'ग' अंकित करते हुए अनुमति प्रदान करे।

नमूना—2

सामग्री विभाग

जुलाई 20, 1990

इलेक्ट्रोनिक द्विभाषिक टाइपराइटर की खरीद के संबंध में

हमारे विभाग में हिन्दी टाइपिंग में प्रशिक्षित कर्मचारियों की संख्या 2 हो गई है। हमारे विभाग में वर्तमान में देवनागरी का केवल एक टाइपराइटर है। अतः हमें एक देवनागरी टाइपराइटर और खरीदना है। चूंकि राजभाषा के नियमों के अनुसार भविष्य में हम जितने भी टाइपराइटर खरीदें वे द्विभाषिक होने चाहिए। बाजार में नैटवर्क व गोदरेज कंपनियों के अच्छे टाइपराइटर उपलब्ध हैं। इलैक्ट्रोनिक द्विभाषिक टाइपराइटर की कीमत लगभग रु. 20,000 है, कृपया अनुमोदन प्रदान करें।

अनुमोदानार्थ प्रस्तुत, सामग्री अधिकारी

वरि. सामग्री अधिकारी

उप प्रबंधक (सामग्री)

प्रबंधक (सामग्री)

मुख्य प्रबंधक (सामग्री)

पत्र-लेखन

शब्द 'पत्र' संस्कृत शब्द है। "पात', पत्ता, पत्तर इसके अपभ्रंश हैं। शुरू-शुरू में जबकि कागज और स्याही का विकास नहीं हुआ था तब हमारे पूर्वज पत्तों पर कालिख या फूलों आदि के रंगों का प्रयोग (स्याही काले रंग का द्रव्य लेकिन शब्द रूढ़ि के कारण अब लाल भी स्याही है जबकि स्याही शब्द काली स्याही के लिए प्रयुक्त होना चाहिए।) स्याही के रूप में कर पेड़ों के पत्तों और छालों पर लिखा करते थे। हमारे बहुत से पौराणिक ग्रंथ इस प्रकार लिखे गए। बाद में कागज का विकास हो जाने पर पत्तों के स्थान पर कागज पर लिखा जाने लगा। लेकिन शब्द पत्तर, पाती, चिट्ठियों के पर्याय के रूप में ही प्रयोग होता रहा और अंततः अब पत्र का अर्थ पत्ते से हट कर "लैटर" हो गया है।

पत्र/पाती लिखने की हमारे यहाँ समृद्ध परम्परा रही है। दूर संचार के साधनों के अभाव में हमारे पूर्वज चिट्ठियों को पक्षियों (कबूतरों) के गले में बाँध कर संदेश भेजा करते थे। पेड़ के पत्ते के समान भोजपत्र, ताम्रपत्र, रजतपत्र, व स्वर्णपत्रों का चलन हुआ।

आज जबकि दूरसंचार के अधुनातम साधनों का विकास हो गया है फिर भी पत्र का महत्त्व कम नहीं हुआ। हम सबको पत्रों से रोजाना पाला पड़ता है। हम सब स्कूल/कॉलेजों से पत्र की शुरुआत करते हैं। हम सभी पत्रों को केवल तीन वर्गों में बाँट सकते हैं :

(क) व्यापारिक पत्र

(ख) घरेलू पत्र

(ग) कार्यालयीन पत्र

हमारा विवेच्य विषय कार्यालयीन पत्र है। कार्यालयीन पत्रों के मुख्य-मुख्य निम्न प्रकार हैं :

1. साधारण पत्र
2. अर्धशासकीय पत्र
3. परिपत्र

4. कार्यालय आदेश
5. प्रेस पत्र

शेष सभी पत्र कहीं-न-कहीं इन्हीं में समाहित हो जाते हैं। कई प्रतिष्ठानों में अंतरकार्यालय (विभागीय) पत्र भी लिखे जाते हैं, जिनका कि अपना निश्चित प्रारूप होता है।

पत्र के मुख्य भाग

सामान्यतः सभी प्रकार के पत्रों के (कार्यालय आदेश, परिपत्र, टेंडर नोटिस आदि को छोड़कर) निम्नांकित अंग होते हैं—

1. **सरनामा**—प्रत्येक संस्थान का अपना एक मानक लैटर हैड होता है जिस पर उसका व्यापारिक प्रतीक चिह्न तथा पूरा पता छपा रहता है। प्रत्येक सरकारी पत्र सरनामा पर लिखा जाता है जहाँ सरनामा मुद्रित नहीं होता है। वहां टाइप/मुहर लगायी जाती है।
2. **पत्र संख्या व दिनांक**—प्रत्येक सरकारी पत्र पर उसकी संख्या और दिनांक लिखा जाना आवश्यक है तारीख हमेशा बाएँ हाथ को लिखी जाती है।
3. **प्रापक**—कुछ अपवादों को छोड़कर ज्यादातर प्रापक का पदनाम लिखा जाता है।
4. **विषय**—सामान्यतया सभी प्रकार के पत्रों में विषय लिखा जाता है। लेकिन यह कोई पक्का नियम नहीं है।
5. **संबोधन**—प्रिय महोदय/महोदया जैसे शब्दों के साथ पत्र, प्रापक को संबोधित किया जाता है।
6. **कलेवर** (मजमून)—हरेक पत्र का कलेवर होता है जिसमें अपेक्षित सामग्री लिखी जाती है।
7. **अधोलेख**—कार्यालय आदेश परिपत्र/टेंडर नोटिस आदि को छोड़कर सभी पत्रों में आदर सूचक शब्द शुभकामनाओं सहित/सादर तथा सधन्यवाद आदि लिखे जाते हैं।
8. **भेजने वाले के हस्ताक्षर और पदनाम**—प्रत्येक पत्र के नीचे उसके लेखक के हस्ताक्षर होते हैं और ज्यादातर कुछेक मामलों को छोड़कर पदनाम भी लिखा जाता है।

कुछ प्रमुख पत्रों के नमूने आगे प्रस्तुत किए जा रहे हैं।

आमंत्रण-पत्र (1)

SEAL

प्रकाशन विभाग
पटियाला हाउस
नई दिल्ली-110001

सूचना और प्रसारण मंत्रालय भारत सरकार
सं० नं० ई-11016/2/89 हिन्दी तारीख 21-2-90

सेवा में,

....

....

विषय—जन-संचार विषयों पर हिन्दी में मौलिक लेखन को प्रोत्साहन देने के लिए वर्ष 1988 के पुरस्कारों की घोषणा।

उपर्युक्त विषय पर मुझे इस विभाग के दिनांक 9-2-1990 के समसंख्यक पत्र में अनुक्रम में यह सूचित करने का निदेश हुआ है कि वर्ष 1988 का भारतेन्दु हरिश्चन्द्र पुरस्कार वितरण समारोह दिनांक 6 मार्च, 1990 को प्रात: 11 बजे मावलंकर हाल, रफी मार्ग, नई दिल्ली में आयोजित किया जाएगा। माननीय सूचना और प्रसारण मंत्री श्री पी० उपेन्द्र पुरस्कार वितरण करेंगे। अनुरोध है कि आप पुरस्कार ग्रहण करने के लिए समारोह में उपस्थित होने की कृपा करें।

कृपया आप मुझसे 6 मार्च, 1990 से पूर्व संपर्क स्थापित कर लें ताकि पुरस्कार वितरण समारोह के संबंध में आपको पूरी जानकारी दी जा सके।

कृपया पावती भेजें।

[सीताराम खोड़ावाल]
संयुक्त निदेशक
दूरभाष: 386452

आमंत्रण-पत्र (2)

SEAL

भारतीय खाद्य निगम
अलेम्बिक मार्ग, बड़ौदा—390 003
दूरभाष : 323426
सं० हिन्दी 35(5)/87 दिनांक : 17-12-1990

सेवा में,

कुमारी सुनंदा भावे
हिन्दी अधिकारी
ओ. एन. जी. सी.
बड़ौदरा

विषय—सहायक प्रबंधक/उपप्रबंधक के लिए राजभाषा हिन्दी कार्यशाला।

महोदया,

आपको यह सूचित करते हुए हमें प्रसन्नता होती है कि निगम के केन्द्रीय प्रशिक्षण संस्थान, नई दिल्ली ने दिनांक 14-1-91 से 18-1-91 तक 'राजभाषा हिन्दी कार्यशाला' के आयोजन का निर्णय लिया है।

हम इस कार्यशाला में आपका एक व्याख्यान निम्नानुसार रखना चाहते हैं। आशा है आप सहमति देकर हमें अनुगृहीत करेंगे।

1. व्याख्यान का विषय—देवनागरी लिपि की वैज्ञानिकता, हिन्दी वर्तनी एवं वाक्य विन्यास।
2. स्थान —'सूर्या पैलेस' होटल, पारसी अग्यारी के सामने, सयाजीगंज, बड़ोदरा—390 005।
3. दिनांक व समय —दिनांक 16-1-91, समय—10.00 बजे

आपके सहयोग की अपेक्षा है। कृपया इस विषय में हमें अपनी सहमति संबंधी पुष्टि प्रदान करें।

भवदीय,
हस्ताक्षर
जिला प्रबंधक

आमंत्रण-पत्र (3)

SEAL

युनाइटेड इण्डिया इन्श्यूरेन्स कं. लि.
(भारतीय साधारण बीमा निगम की सहायक)
बडोदरा प्रादेशिक कार्यालय
सूरज प्लाजा II, 4वीं मंजिल
सयाजीगंज
बड़ोदरा—390 005.

तार : युनोजन
दूरभाष : 327646
327839
(निजी) : 325939
टेलेक्स : 0175-361

बी. एम. देसाई
उप-प्रबंधक

महोदया,
श्रीमती भावे
आई० पी० सी० एल० विद्यालय,
बड़ोदरा।

विषय : कवि गोष्ठी का आयोजन 22-3-91

हमें आपको सूचित करते हुए अपार हर्ष का अनुभव हो रहा है कि दिनांक 22-3-91 को सायं 3.30 बजे हमारे कार्यालय परिसर में हिन्दी कवि गोष्ठी का आयोजन किया जायेगा।

आप से उक्त कवि गोष्ठी में काव्यपाठ करने का अनुरोध है। हमें आशा है कि आप इस अवसर पर पधार कर हमें अनुगृहीत करेंगे।

सधन्यवाद।

भवदीय
[बी० एम० देसाई]
उप-प्रबंधक

आमंत्रण-पत्र (4)

SEAL

पंजाब नेशनल बैंक
क्षेत्रीय कार्यालय, आगरा
(भारत सरकार का उपक्रम)

संदर्भ : क्षेप्रम्रा/राभा/हि० का०
दिनाक : 25-8-1989

डॉ० सतीश चंद्र
राजभाषा अधिकारी,
प्रशासनिक खण्ड,
मथुरा रिफाइनरी,
मथुरा।

विषय—ऑन लोकेशन हिन्दी-कार्यशाला का आयोजन

महोदय,

हमारे बैंक को आगरा क्षेत्र में स्थित शाखाओं के लिपिकीय एवं अधिकारी संवर्ग के लिए एक तीन-दिवसीय ऑन लोकेशन हिन्दी-कार्यशाला का आयोजन दिनांक 28-8-89 से 30-8-89 तक किया जा रहा है।

उक्त हिन्दी कार्यशाला में 'हिन्दी वर्तनी और उनका कार्यालय में उपयोग' हेतु आपको व्याख्यान देने के लिए नामित किया गया है।

अतः आपसे अनुरोध है कि कृपया दिनांक 29-8-89 को अपराह्न 2.00 बजे क्षेत्रीय कार्यालय के सम्मेलन कक्ष में पधार कर हमें अनुगृहीत करें।

सधन्यवाद।

भवदीय
हस्त/-
[एम० एल० एलावादी]
क्षेत्रीय प्रबंधक

साधारण-पत्र (1)

SEAL

केन्द्रीय प्रदूषण नियंत्रण बोर्ड
(पर्यावरण एवं वन मंत्रालय, भारत सरकार),
पश्चिमी आंचलिक कार्यालय, 46-बी, गौतमनगर,
रेसकोर्स, बड़ोदरा—390 007.
दूरभाष : का 327566 तार : CLEENVIRON
टेलेक्स : CATIN-PCON 175-696
पत्रांक जेओडब्लू/प्रशा० 30/91/359 दिनांक : 2-5-1991

डॉ० रामानुज भारद्वाज
वरिष्ठ हिन्दी अधिकारी,
हिन्दी अनुभाग
गुजरात रिफाइनरी,
बड़ोदरा—391 320

विषय—हिन्दी की प्रगति हेतु मार्ग दर्शन।

सन्दर्भ—आपका पत्र दिनांक 22 मार्च, 1991.

महोदय,

उपर्युक्त विषय के सन्दर्भ में आपके द्वारा भेजे गए पत्र के सम्बन्ध में हर्ष के साथ कहना है कि इस कार्यालय में हिन्दी के कामकाज में तेजी लाने या इस क्षेत्र में आने वाली समस्याओं के समाधान हेतु अवश्य पधारें। इसके लिए आपके द्वारा निर्धारित तिथि एवं समय हमें स्वीकार होगा।

भवदीय

हस्ताक्षर
[भा० प्र० शुक्ला]
प्रभारी अधिकारी

साधारण-पत्र (2)

सं० बी. आर. डी/एच. टी. एम. 12 दिनांक : 22-4-91

सेवा में

वरिष्ठ हिन्दी अधिकारी

गुजरात रिफाइनरी

बड़ोदा—391 320

विषय : हिन्दी के कामकाज की प्रगति के संबंध में

संदर्भ : आपका पत्र दिनांक : 23-3-91

महोदय,

आपके उपरोक्त पत्र के संदर्भ में सहर्ष बताया जाता है कि आप जब चाहे इस कार्यालय में आकर हिन्दी संबंधी कामकाज की समीक्षा करें तथा इस क्षेत्र में आने वाली समस्याओं के बारे में बातचीत करें। कृपया अपने आने से पूर्व इस कार्यालय को जरूर सूचित कराएं।

भवदीय

हस्ताक्षर/-

[आर० सी० गुप्ता]

स० निरीक्षण अधिकारी

बड़ौदा

साधारण-पत्र (3)

SEAL

इंडियन पेट्रोकेमिकल्स कार्पोरेशन लिमिटेड

(भारत सरकार का उपक्रम)
रजिस्टर्ड कार्यालय : डाकघर : पेट्रोकेमिकल्स
ज़िला बड़ोदरा 391 346 गुजरात-भारत
एस सी/5/18 दिनांक : 16-3-91

सेवा में,

डॉ० के. डी. झा
वरिष्ठ हिन्दी अधिकारी,
गुजरात रिफाइनरी,
बड़ोदरा—391 320

विषय : हिन्दी नोटिंग/ड्राफ्टिंग प्रतियोगिता

महोदय,

इस निगम के कर्मचारियों के लिए आयोजित हिन्दी नोटिंग/ड्राफ्ट (स्थल पर) प्रतियोगिता के मूल्यांकन कार्य हेतु हमारे निमंत्रण का स्वीकार करके आपने समय पर काम पूरा कर दिया इसके लिए हम आपके बहुत आभारी हैं ।

आपके मानदेय की रकम रुपये 100/-(एक सौ रुपये) का स्टेट बेंक ऑफ इंडिया, आई पी सी एल (कोयली) ब्रांच का तारीख 13-3-91 का चैक नं० 287292 इसके साथ भिजवाया जा रहा है। कृपया स्टैम्प लगी रसीद हमें तुरन्त भिजवा दें ।

आशा है आपका सहयोग हमें मिलता रहेगा ।

हार्दिक धन्यवाद के साथ,

भवदीय

इंडियन पेट्रोकेमिकल्स कार्पोरेशन लिमिटेड के लिए,

हस्ताक्षर/-
(टी० नीलकंठन)
सचिव

संलग्न : जैसा ऊपर

साधारण-पत्र (4)

SEAL

पेट्रोफिल्स को-ऑपरेटिव लिमिटेड

(भारत सरकार एवं सहकारी संस्थाओं का संयुक्त उद्यम)

डाकघर : पेट्रोफिल्स

जिला : बड़ोदरा-391 347 गुजरात

क्रमांक-पी एल/हि०/91-92 दिनांक—7-6-1991

सेवा में,

श्री क ख ग
वरिष्ठ हिन्दी अधिकारी
गुजरात रिफाइनरी,
बड़ोदरा

महोदय,

पेट्रोफिल्स हिन्दी अनुभाग के वरिष्ठ प्रशासनिक एवं राजभाषा अधिकारी स्वर्गीय श्री आनन्द प्रकाश शर्मा के राजभाषा के कार्यों एवं संकल्पों को पूरा करने के प्रयास को जारी रखने के लिए श्रीमती कान्ता ए० शर्मा ने राजभाषा अधिकारी का पद दिनांक-2-5-91 से संभाल लिया है।

आप सभी का सहयोग अपेक्षित हैं।

भवदीय

हस्ताक्षर

(कान्ता ए. शर्मा)

हिन्दी अधिकारी

साधारण-पत्र (5)

भारत सरकार
केन्द्र निदेशक का कार्यालय
आकाशवाणी नई दिल्ली
डी एच—1 (3) य० वा. पा-3 दिनांक 24-8-81

श्री·········

विषय : रीति-रिवाजों के प्रति टूटती आस्था

महोदय,

आपके दिनांक ·········के प्रसारण के सन्दर्भ में आपको दिनांक········· को सुबह 11.30 बजे युगवाणी एनेक्सी में रिकार्डिंग कराने हेतु उपस्थित होने का अनुरोध है, यदि आप उपर्युक्त दिन आने में असमर्थ हों तो कृपया दूरभाष संख्या·········पर अवश्य सूचित करें,

भवदीय,
कार्यक्रम अधिकारी
कृते केन्द्र निदेशक

साधारण-पत्र (6)

SEAL

बैंक ऑफ बड़ौदा
मुख्यालय (लाडवी बड़ौदा)
क्षेत्रीय कार्यालय : (बड़ौदा शहर)
मध्य गुजरात अंचल, सूरज प्लाजा, मगनवाड़ी,
सयाजीगंज, बड़ौदा — 390 005 टेलेक्स : 345
दूरध्वनि : 327351/327361 तार : इस्टडोराब
सं. म गु अ : बशक्षे : राभा : 5/159 दिनांक 12-1-91

श्रीमती कांता शर्मा
वरिष्ठ राजभाषा अधिकारी,
'पेट्रोफिल्स'
बड़ौदा,

महोदया,

विषय : हिन्दी कार्यशालाओं में आपका सहयोग

इस कार्यालय के स्टाफ सदस्यों के लिए दिनांक 26/27 नवम्बर 1990 एवं 13/14 दिसम्बर 1990 को आयोजित हिन्दी कार्यशालाओं में आपके सहयोग के लिए हम आभारी हैं।

कृपया रु० 50/- एवं रु० 70/- के बैंकर्स चैक क्रमांक क्रमश: 651053 एवं 651332 स्वीकार करें। यह चैक एक बार पहले भी आपके उपरोक्त पते पर भेजे गए थे परन्तु बिना सुपुर्दगी वापस लौट आए।

भवदीय,
प्रभारी अधिकारी
(राजभाषा)

संलग्न : चैक क्रमांक : 651053
651332

साधारण-पत्र (7)

हिन्दुस्तान जिंक लिमिटेड
(भारत सरकार का उपक्रम)
अग्निगुण्डाला लेड प्रोजेक्ट
बन्डलमोट्टु—522 663
जिला : गुन्तूर (आंध्र प्रदेश)
सं० अग्नि/हि० को/हि० गति/1 (क)/90 दिनांक : 25.8.90

संपादक
राजभाषिका
मथुरा रिफाइनरी
मथुरा ।

विषय : राजभाषा गतिविधियों पर स्मारिका के प्रकाशन के बारे में ।

महोदय,

हमारी इकाई राजभाषा गतिविधियों पर वर्ष 1990-91 के दौरान एक स्मारिका प्रकाशित करना चाहती है । उक्त स्मारिका की रूपरेखा तैयार करने हेतु अगर आपके यहाँ कोई स्मारिका किसी उपलक्ष्य में प्रकाशित की गई हो तो उसकी एक प्रति नमूने के तौर पर हमारे लिए भिजवाने का कष्ट करें ।

सधन्यवाद,

भवदीय
(ओ० सत्यनारायण राव)
कनिष्ठ राजभाषा अधिकारी

साधारण-पत्र (8)

कार्मिक अधिकारी,
भारत लेदर कॉ. लि.
आगरा

प्रिय महोदय,

अभिलेख में नवजात शिशु के नाम की प्रविष्टि

उपर्युक्त विषय के सम्बन्ध में निवेदन करना है कि मेरे घर दिनांक······ को एक कन्या/बाल शिशु का जन्म हुआ है जिसका नाम कुमारी/कुमार······ अभिसंज्ञित (रखा गया) किया गया है। आपसे अनुरोध है कि मेरे सेवा अभिलेख में इसकी प्रविष्टि कर लें।

भवदीय

सधन्यवाद।

(क ख ग)
कर्म सं०
पदनाम
विभाग

तारीख·········

नमूना-2

कार्मिक अधिकारी,
भारत पेट्रोलियम कॉ० लि० बम्बई
प्रिय महोदय,

अवकाश बढ़ाने के सम्बन्ध में

उपर्युक्त विषय के सम्बन्ध में निवेदन करना है कि मैं तारीख······को अर्जित अवकाश/आकस्मिक अवकाश स्वीकृत कराकर अपने घर आया हुआ था। यहाँ मेरी तबीयत खराब हो गई है। डॉक्टर ने मुझे दिनांक·········· तक आराम करने की सलाह दी है। कृपया दिनांक·········तक मेरे अवकाश के वृद्धि करें, आवश्यक चिकित्सा प्रमाण-पत्र आकर जमा कर दूंगा।

भवदीय,
(क ख ग)
कर्म सं
पदनाम
विभाग

तारीख·········

खेद-पत्र

भारत सरकार

आकाशवाणी, नई दिल्ली

दिल्ली—1 (4) हि-वि/80-पी। दिनांक 5-3-81

श्री.........

प्रिय महोदय

आपकी व्यंग्य कविता शीर्षक रचना के लिए धन्यवाद। हमें खेद है कि हम इसका उपयोग नहीं कर पा रहे हैं अतः इस पत्र के साथ ही वापस किया जा रहा है। आप इसे अन्यथा न समझेंगे।

कार्यक्रमों में रुचि के लिए हम आपके आभारी हैं।

भवदीय

कृते केन्द्र निदेशक

ज्ञापन

कार्यालय अधिशासी अभियंता

विद्युत जनपद निर्माण खंड

पत्र संख्या/ई 2 दिनांक......

विषय : अनुभव प्रमाण के संबंध में

संदर्भ दिनांक......

श्री.........को उनके आवेदन दिनांक 19.7.90 के विषय में सूचित किया जाता है कि उन्हें आकाशवाणी पर अपनी कविताएँ प्रसारित करने के उपलक्ष्य में आकाशवाणी से मानदेय के रूप में प्राप्त राशि रु० 100/-को अपने पास रखने की अनुमति दी जाती है।

उप प्रबंधक (प्रशासन)

अग्रेषण (फॉरवार्डिग/कवरिंग) पत्र

(जैसा कि इस पत्र के नाम से स्पष्ट है कि यह पत्र मात्र किसी कर्मचारी से प्राप्त पत्र को उच्चाधिकारियों/मुख्यालय या आवेदक द्वारा सम्बोधित मूल प्रापक को उचित माध्यम (थ्रू प्रॉपर चैनल) से भेजने के लिए लिखा जाता है)

उदाहरणार्थ—हमें श्री एम० सक्सेना, हिन्दी स्टैनोग्राफर जो कि बड़ोदरा रिफाइनरी में सेवारत हैं, का प्रार्थना पत्र प्राप्त होता है जो कि "क" कॉर्पोरेशन के कार्मिक प्रबन्धक को सम्बोधित किया है तथा इसे ये उचित माध्यम द्वारा भिजवाना चाहते हैं ।

अग्रेषण-पत्र (1)

इण्डियन ऑयल कॉर्पोरेशन लिमिटेड

गुजरात रिफाइनरी, बड़ोदरा

पत्रांक— दिनांक······

कार्मिक प्रबन्धक,
"क" कॉर्पोरेशन,
नई दिल्ली ।

नियोजन हेतु आवेदन-पत्र का अग्रेषण

प्रिय महोदय,

हम इस पत्र के साथ अपने यहाँ हिन्दी स्टैनोग्राफर के पद पर सेवारत श्री एम० सक्सेना का हिन्दी अनुवादक के पद हेतु आवेदनपत्र भेज रहे हैं। यदि आपके यहाँ इनका चयन हो जाता है तो इन्हें हम निगम की सेवा शर्तों के अनुसार ही कार्यभार से मुक्त कर सकेंगे।

भवदीय
(क सिंह)
उप प्रबन्धक (कार्मिक)

संलग्न—यथा उपर्युक्त

अग्रेषण-पत्र (2)

कार्यालय अधिशासी अभियंता

विद्युत जनपद कार्य खंड

कासिमपुर (अलीगढ़)

पत्र संख्या/वि ज काख/ई—2 दिनांक·· ······

विषय : अनुभव प्रमाणपत्र

श्री·········

आपके प्रार्थनापत्र दिनांक 24.2.81 द्वारा माँगा गया अनुभव प्रमाणपत्र इस पत्र के साथ भेजा जा रहा है, कृपया इसकी पावती भेजें।

संलग्न—अनुभव प्रमाणपत्र

(एच० आर० गुरुपक्सानी)

अधिशासी अभियंता

अनुस्मरण/अनुस्मारक (रिमांइडर) पत्र

(जैसा कि इस पत्र के नाम से ही स्पष्ट है कि यह पत्र उस स्थिति में लिखा जाता है जब पहले (मूल) पत्र का उत्तर/मूल पत्र द्वारा अपेक्षित सूचना/सामग्री प्राप्त नहीं हुई हो। यदि इस स्मरण पत्र के बाद भी पत्र प्रापक से कोई उत्तर नहीं आता तो अनुस्मरण पत्र-2 करके भेजा जाता है।)

अनुस्मरण पत्र

इंडियन आयल कार्पोरेशन लिमिटेड

गुजरात रिफाइनरी, बड़ोदरा

पत्रांक— दिनांक······

महामन्त्री,
केन्द्रीय सचिवालय हिन्दी परिषद,
नई दिल्ली।

विषय : टाईपिंग प्रतियोगिता के प्रमाण-पत्र

प्रिय महोदय,

उपर्युक्त विषय पर हमारे दिनांक······के पत्र संख्या······की ओर ध्यान दें।

इस सम्बन्ध में पुनः निवेदन करना है कि वर्ष 1988 में इस केन्द्र पर आयोजित हिन्दी टाइपिंग प्रतियोगिता से सम्बन्धित प्रमाण-पत्र हमें अभी तक प्राप्त नहीं हुए हैं। शीघ्र भिजवाने की व्यवस्था करें।

भवदीय

वरि० हिन्दी अधिकारी

अन्तर कार्यालय ज्ञापन (1)
INTER OFFICE MEMO

गुजरात रिफाइनरी　　　　　　　　(समस्त अनुभाग वित्त विभाग)
(रिफाइनरी विभाग)　　　　　　　　आपका सन्दर्भ
　　　　　　　　　　　　　　　　ता०

विषय : हिन्दी टंकण

ये जानकारी देते हुए हमें खुशी होती है कि वित्त विभाग के लिए प्रशासन की ओर से हिन्दी टाइपराइटर का प्रबन्ध किया गया है। हमारे विभाग में हिन्दी जानकारी की सुविधा भी उपलब्ध है। यदि आपके पास कोई हिन्दी पत्र हों तो आप टाइप के लिए को-आर्डीनेशन अनुभाग को भेज सकते हैं, जिन्हें पाकर हमें बड़ी खुशी होगी।

सादर :　　　　　　　　　　　　(ईश्वर दवे)
उपमहाप्रबंधक (वित्त) जानकारी के लिए　　　　लेखाधिकारी
वरिष्ठ हिन्दी अधिकारी

अन्तर कार्यालय ज्ञापन (2)
इडियन ऑयल कॉर्पोरेशन लिमिटेड

प्रेषक　　　　　　　　　　　　　　प्रेष्य
हमारा सन्दर्भ　　　　　　　　　　आपका सन्दर्भ
तिथि　　　　　　　　　　　　　　तिथि

निम्नलिखित मूल पत्र जो निदेशक मंडल की ठेका उपसमिति की दिनांक·········को हुई बैठक में सम्मिलित करने के लिए हमें भेजे गये थे, आपको वापस किए जा रहे हैं।

क्रम सं०　　　　　　मद संख्या　　　　　　विषय

कृपया पावती भेजें　　　　　　　　(र० व० सिंह)
संलग्नक : यथा उपर्युक्त　　　　　　कार्यालय सचिव

कार्यालय आदेश

जैसा कि नाम से स्पष्ट होता है कि यह एक आदेशनुमा पत्र है जिसमें एक अधिकारी कार्यालय अध्यक्ष की ओर से शक्तियों का प्रयोग करते हुए किसी मामले पर आदेश जारी करता है, यह पत्र भी अन्य पुरुष में लिखा जाता है। इसमें संबोधन ऊपर नहीं होता। यह पत्र भी लैटर हैड कार्यालय के पैड पर लिखा जाता है जहाँ पैड छपा नहीं होता है वहाँ उसका रूप टाइप कर लिया जाता है। इसके नीचे पत्र संख्या व फाइल का नाम लिखा जाता है जिससे कि यह आदेश जारी किया जा रहा है। दाईं तरफ तारीख लिखी जाती है, इसके बाद बीचोबीच में 'कार्यालय आदेश' शब्द लिखा जाता है। इसके बाद पत्र (आदेश) की विषयवस्तु (कलेवर) होता है। उसमें नीचे धन्यवाद ! सादर जैसे शब्दों का प्रयोग नहीं किया जाता है। दाईं तरफ जारीकर्ता के हस्ताक्षर व पदनाम होते हैं। बाईं तरफ जिस व्यक्ति को आदेश दिया जाता है उसका नाम, पदनाम, विभाग का नाम आदि लिखा जाता है। इसके बाद इसकी प्रतियाँ सभी संबंधितों को दी जाती है।

कार्यालय आदेश (1)

इंडियन पेट्रो केमिलकस कार्पोरेशन लि०

बड़ोदरा

सं, : पी/1 दिनांक······

श्री/श्रीमती/कु०·····································को

दिनांक··························से रु०·······························

के वेतनमान में··के

पद पर पदोन्नत किया जाता है। छह महीने के परिवीक्षा-समय को बढ़ाया या घटाया जा सकता है।··

उपर्युक्त पदोन्नति अस्थायी है तथा उच्च न्यायालय, गुजरात के 1980 के विशेष सिविल आवेदन सं० 1801 के अन्तिम आदेश के अधीन है।

······························

वेतन निर्धारण आदेश अलग से जारी किया जाएगा।

(बी० सिंह)
कार्मिक अधिकारी

श्री/श्रीमती/कु०·············

द्वारा·······························

कार्यालय आदेश (2)

भारत सरकार
गृह मंत्रालय, राजभाषा विभाग
सर्वकार्य प्रभारी अधिकारी का कार्यालय
हिन्दी शिक्षण योजना : बड़ोदरा केन्द्र
11, केन्द्रीय उत्पाद शुल्क भवन
रेस कोर्स सर्कल, बड़ोदरा— 7

विषय : हिन्दी शिक्षण योजना : कक्षाओं का गठन— जनवरी-मई 1991 सत्र — कक्षाओं की समय-सारिणी ।

भारत सरकार के इस बारे में विद्यमान निर्देशानुसार हिन्दी शिक्षण योजना के बड़ोदरा केन्द्र पर कक्षाओं का गठन निम्नलिखित विवरण के अनुसार किया जा रहा है—

दिन	समय	कक्षा	स्थान
सोम/बुध/शुक्र	10.30 से 12.30	प्रबोध	यशकमल बिल्डिंग, 8 वाँ माला, सयाजीगंज, बड़ोदरा
" " "	14.30 से 16.30	प्रवीण	" " "
" " "	16.30 से 17.30	प्राज्ञ	" " "
मंगल तथा गुरु	11.00 से 13.30	प्रवीण	केन्द्रीय औद्योगिक सुरक्षा बल, जवाहरनगर, रिफाइनरी परिसर
" " "	15.00 से 16.30	प्राज्ञ	" " "

उक्त कक्षाएं निर्धारित समय-सारिणी के अनुसार दिनांक 28-1-90 से निर्धारित स्थलों पर चलाई जाएगी । सभी सम्पर्क अधिकारी कृपया उक्त कक्षाओं में यथोचित नामांकन सुनिश्चित कर दें तथा अपने संगठन के नामांकित कार्मिकों को यह निर्देश भी दे दें कि वे नियमित रूप से कक्षाओं में शामिल हों । हिन्दी प्राध्यापक भी नामांकन सुनिश्चित करने के बारे में संबंधित अधिकारियों से सम्पर्क करते रहें तथा नियमित रूप से कक्षाएँ चलाने की व्यवस्था कर लें ।

(टी. एच. के. गौरी)
सर्वकार्य प्रभारी अधिकारी
हिन्दी शिक्षण योजना, बड़ोदरा,

कार्यालय आदेश (3)

फा. सं. 111/1/91—हिशियो। बड़ोदरा, दिनांक : 21-1-1991

प्रतिलिपि आवश्यक कार्यवाही के लिए प्रेषित

सभी सम्पर्क अधिकारी, हिन्दी शिक्षण योजना, बड़ोदरा (सूची के अनुसार)
प्रतिलिपि : उप निदेशक (पश्चिम), हिन्दी शिक्षण योजना, कामर्स हाउस, तीसरी-मंजिल, करीमभाई रोड, बेलार्ड एस्टेट, बम्बई-400038 को सूचनार्थ
प्रेषित प्रति : श्री जगन्नाथ झा, हिन्दी प्राध्यापक, हिन्दी शिक्षण योजना, बड़ोदरा।

नमूना 2

इंडियन पेट्रो केमिकल्स कार्पोरेशन लि. बड़ोदरा

संख्या 1 पी. एच. दिनांक.......

श्री क ख दास को सूचित किया जाता है कि उन्होंने वर्तमान पद व वेतन-मान में दिनांक............को परिवीक्षा अवधि संतोषजनक रूप से पूरी कर ली है।

(वरिष्ठ कार्मिक अधिकारी)

श्री क ख दास
कर्मचारी संख्या....... द्वारा 'कार्मिक विभाग'
वरिष्ठ हिन्दी अधिकारी
बम्बई बम्बई

मंजूरी आदेश

केन्द्रीय उत्पाद शुल्क एवं सीमा शुल्क समाहर्तालय, अहमदाबाद

मैं, गृह मंत्रालय, राजभाषा विभाग, नई दिल्ली के कार्यालय ज्ञापन संख्या 14025/6/89-रा.भा. (घ) दिनांक 15-2-90 के अनुसार निम्नलिखित कर्मचारियों को केन्द्रीय उत्पादन शुल्क मण्डल-6 अहमदाबाद में दिनांक 12-11-1990 से दिनांक 16-11-1990 तक आयोजित गहन हिन्दी कार्यशाला में व्याख्यान देने के लिए उनके नाम के सामने दिखाई गई राशि के बराबर मानदेय की एतद्द्वारा मंजूरी देता हूँ—

क्र. सं.	अधिकारी का नाम एवं पदनाम	रकम
1.	महेश्वर प्रसाद, अपर समाहर्ता (तकनीकी) के.उ.शु. एवं सी. शु., अहमदाबाद ।	100.00
2.	एस. राममूर्ति, वेतन एवं लेखा अधिकारी, के. उ. शु. एवं सी. शु., अहमदाबाद ।	100.00
3.	बी. डी. पटेल, वेतन एवं लेखा अधिकारी, के. उ. शु. एवं सी. शु. अहमदाबाद ।	100.00

2/- मुख्य लेखा अधिकारी, केन्द्रीय उत्पादन शुल्क एवं सीमा शुल्क

अर्द्धशासकीय पत्र

जैसा कि नाम से ही लगता है कि ऐसा पत्र जो आधा सरकारी और आधा व्यक्तिगत पुट लिए हुए हो। यह पत्र अधिकांशतः दो समान पद वाले अधिकारियों के बीच पत्राचार हेतु प्रयुक्त किया जाता है। जब एक अधिकारी किसी दूसरे अधिकारी का ध्यान किसी विशेष मुद्दे पर आकर्षित करना चाहता है या किसी मामले पर विगत में कई पत्र लिखे जा चुके हैं मगर कोई कार्यवाही नहीं हुई है, तो ऐसी परिस्थितियों में भी अधिकारी, अर्द्धशासकीय पत्र ही लिखता है। अर्द्ध सरकारी व अर्द्ध व्यक्तिगत से तात्पर्य यह बिलकुल नहीं है कि उस मे घर-गृहस्थ की बात भी लिख दी जाए। इस प्रकार के पत्र अधिकांशतः इस आशय हेतु छपे अर्द्ध शासकीय पत्र के पैड पर ही लिखे जाते हैं। यदि पैड छपा नहीं होता है तो उसे अर्द्ध शासकीय रूप दे दिया जाता है यानी कि बाईं तरफ अधिकारी का नाम, ठीक उसके नीचे उसका पदनाम, दाईं ओर उसके कार्यालय/विभाग का नाम (पूरे पते सहित) लिखा होता है। (यूं ये सर्वमान्य नियम नहीं है इस प्रकार का पता व नाम एक तरफ भी लिखा जा सकता है) इसके ठीक नीचे अर्द्ध शासकीय पत्र संख्या...दिनांक...लिखते हैं। इसके बाद सम्बोधन के रूप में इस पत्र में केवल प्रिय श्री के साथ संबंधित अधिकारी का उपनाम जोड़ देते हैं। कभी-कभी 'साहब' शब्द भी लगा देते हैं। इसके बाद पत्र का कलेवर होता है। इस पत्र को उत्तम पुरुष में भी लिख सकते हैं। चाहे तो इसे 'मैं' से भी शुरू कर सकते हैं। पत्र समाप्ति पर बाईं ओर 'सादर', सद्‌भावना सहित/शुभकामनाओं सहित आदि आदर सूचक शब्द लिखते हैं। दाईं तरफ आपका/आपकी लिखकर उसके नीचे हस्ताक्षर कर देते हैं और इसके नीचे नाम लिख देते हैं। इसमें नीचे पदनाम नहीं दिया जाता। बाईं ओर पत्र प्रापक अधिकारी का पूरा नाम व पता लिखा जाता है।

अर्द्धशासकीय पत्र (1)

इण्डियन ऑयल कॉर्पोरेशन लिमिटेड

गुजरात रिफाइनरी, बड़ोदरा

*(श्रीमती) श्यामला (कार्यालय का नाम)
जन संपर्क अधिकारी पूरा पता/
अर्द्धशासकीय पत्र संख्या

दिनांक

प्रिय श्री कुलश्रेष्ठजी,

मैं, इस पत्र के साथ अपने यहाँ दिनांक 7, 8, व 9 जनवरी, 88 को आयोजित हिन्दी कार्यशाला की रिपोर्टिंग इस निवेदन के साथ भेज रही हूँ कि कृपया इसे अपने प्रतिष्ठित पत्र में उचित स्थान देने की व्यवस्था करें।

सादर

श्री रामकुमार कुलश्रेष्ठ, भवदीया/आपकी
सम्पादक, दैनिक आवाज, मथुरा (श्यामला)

नोट—नाम व स्थान सभी काल्पनिक हैं।

* कुछ लोग श्रीमती लगाते हैं मगर हमारे विचार में, अपने नाम के आगे पुरुष हो या महिला उसे स्वतः आदरसूचक शब्द नहीं लगाना चाहिए। अतः ऊपर केवल श्यामला लिखना ठीक है। अब आप कहेंगे कि पत्र प्राप्तकर्ता को कैसे मालूम होगा कि भेजने वाली महिला विवाहिता है या अविवाहिता। पहले तो प्रापक को इसकी कोई आवश्यकता ही नहीं है कि किसी की व्यक्तिगत जानकारी प्राप्त करे, दूसरा यदि प्रापक को प्रेषक महिला को कोई पत्र लिखना है तो वह उसे सुश्री करके संबोधित कर सकता है। सुश्री विवाहित/अविवाहित दोनों को लिखा जाता है।

अर्द्धशासकीय पत्र (2)

इंडियन ऑयल कॉर्पोरेशन लिमिटेड
(रिफाइनरी व पाइपलाइन प्रभाग)
स्कोप काम्पलेक्स, कोर 2,
7, इन्स्टिट्यूशनल एरिया,
लोधी रोड,
नई दिल्ली-110003

अ० शा० पत्र संख्या हि० का०-28/प्रशा० 7 जनवरी, 91

प्रिय श्री शीतल जी,

दिनांक 30 नवम्बर, 1990 को हमारे कॉर्पोरेशन द्वारा आयोजित कवि सम्मेलन में पधार कर आपने जो अपनी हृदयग्राही रचनाओं से श्रोताओं को रस-विभोर किया, उसके लिए मैं अपनी तथा अपने मैनेजमेंट की ओर से आपके प्रति हार्दिक आभार प्रकट करता हूँ।

श्रोताओं के उमड़ते हुए जन-समूह ने जिस गर्मजोशी से सराहनात्मक प्रतिक्रिया व्यक्त की, वह कविगण की श्रेष्ठ रचनाओं के प्रति उनके हार्दिक प्रशंसा भाव की परिचायक थी।

हम अपनी यह भी महत्त्वपूर्ण उपलब्धि मानते हैं, कि कविगण ने अपने काव्यात्मक आह्वान द्वारा श्रोतागण को उदात्त रचनात्मकता के लोक में पहुंचा दिया।

ऐसा मधुर वातावरण तैयार करने और श्रोताओं को सच्चे काव्य-रस की अनुभूति करने में आपका जो अमूल्य योगदान रहा, उसके लिए हम आपके प्रति अत्यन्त कृतज्ञ हैं, और भविष्य में भी आपके सान्निध्य की अपेक्षा करते हैं।

उक्त कवि सम्मेलन से संबंधित आपका एक छायाचित्र मधुर-स्मृति-चिह्न रूप में साथ भेजा जा रहा है। नव वर्ष की हार्दिक शुभकामनाएँ।

सादर,

श्री सोहनलाल शीतल
भारतीय स्टेट बैंक
मथुरा,

आपका,
ओ. ए. फ्रांसिस

अर्द्धशासकीय पत्र (3)

भारतीय औद्योगिक विकास बैंक

नरीमान प्वाइंट, बंबई

प्रबंधक (कार्मिक)

डी. ओ. सं....... / राजभाषा/ 82-83 जुलाई...1982

10 अषाढ़ 1904 (शक)

प्रिय श्री............

बैंक द्वारा आयोजित हिन्दी निबंध प्रतियोगिता में प्रथम स्थान प्राप्त करने पर हमारी बधाई स्वीकार करें। आपकी यह उपलब्धि प्रशंसनीय है। यह आपके हिन्दी ज्ञान का तो परिचय देती ही है, राजभाषा हिन्दी के प्रति आपके प्रेम को भी दर्शाती है।

हमें आशा है कि आप भविष्य में भी इसी प्रकार उत्साह के साथ हिन्दी भाषा से अपना संपर्क बनाए रखेंगे।

शुभकामनाओं सहित

आपका

(डी. एम. शिरोडकर)

सेवा में

श्री...........

भारतीय औद्योगिक विकास बैंक

नई दिल्ली

अर्द्धशासकीय पत्र (4)

भारत पेट्रोलियम कार्पोरेशन लिमिटेड
बेलार्ड इस्टेट
बम्बई 400 038

26 दिसम्बर, 1990

प्रिय श्री मुखोपाध्याय जी,

आप शायद जानते होंगे कि विभिन्न उद्योगों जैसे बैंकिंग, इन्श्युरेन्स आदि ने अपने-अपने उद्योग में राजभाषा के प्रचार-प्रसार से संबंधित मुद्दों पर चर्चा करने हेतु संगोष्ठियों/सम्मेलनों का आयोजन किया है। उदाहरण के लिए हाल ही में बैंकिंग उद्योग ने एक अखिल भारतीय राजभाषा संगोष्ठी का आयोजन किया था जिसमें कई संसद सदस्यों, रिजर्व बैंक ऑफ इण्डिया के गवर्नर और प्रतिष्ठित बैंकरों ने भाग लिया। संगोष्ठी के परिणाम काफी उत्साहजनक रहे और प्रचार माध्यमों ने इसकी काफी सराहना की। तेल उद्योग के सदस्यों के लिए राजभाषा पर संगोष्ठी आयोजित करने की प्रेरणा हमें उक्त संगोष्ठी से ही मिली है।

हमारा प्रस्ताव है कि मार्च, 91 की शुरुआत में बम्बई में एक दो-दिवसीय संगोष्ठी आयोजित की जाए जिसकी मुख्य रूपरेखा निम्न प्रकार होगी—

1. **उद्घाटन**—इसके लिए माननीय गृह मंत्री/पेट्रोलियम तथा रसायन मंत्री को आमन्त्रित किया जा सकता है।
2. विशिष्ट और संबंधित विषयों पर लेख प्रस्तुत करना।
3. कम्प्यूटरों पर द्विभाषिक/बहुभाषी सुविधाओं की प्रदर्शनी।
4. तेल उद्योग के सदस्यों द्वारा राजभाषा कार्यान्वयन संबंधी सामग्री की प्रदर्शनी।
5. फिल्म्स डिवीजन द्वारा निर्मित राजभाषा पर वृत्त चित्र।
6. सुझाव, प्रश्न/उत्तर सत्र।
7. मनोरंजन (हास्य रस कवि सम्मेलन)।

हम आशा करते हैं कि हिन्दी कार्यान्वयन में सक्रिय रूप से जुड़े हुए स्टाफ के अतिरिक्त तेल उद्योग से जुड़ी तेल कम्पनियों के अध्यक्ष एवं प्रबंध निदेशक और वरिष्ठ कार्यपालक इस संगोष्ठी में सक्रिय रूप से भाग लेकर इसे सफल बनाएँगे।

पढ़े जाने वाले लेख के विषय/स्थान आदि संबंधी जानकारी शीघ्र ही भेजी जाएगी।

मैं इस संबंध में आपके सहयोग और सहायता के लिए अत्यन्त आभारी रहूँगा।

आपका

(राजकुमार गाजरी)

डॉ. पी. के. मुखोपाध्याय,
अध्यक्ष,
इंडियन ऑयल कार्पोरेशन लि.
स्कोप काम्पलेक्स, कोर, 2,
7, इन्स्टिट्यूशनल एरिया,
लोधी रोड,
नई दिल्ली-110003

अर्द्धशासकीय पत्र (5)

गुजरात रिफ़ाइनरी
कार्यकारी निदेशक | डाकघर : जवाहरनगर-391 320
जिला : बड़ोदरा (गुजरात)
21 फरवरी, 91

दीर्घ सेवा पुरस्कार

प्रिय श्री............

इण्डियन ऑयल कॉर्पोरेशन ने राष्ट्रीय समृद्धि के विकास में जो उल्लेखनीय योगदान दिया है, आप उसके साक्षी रहे हैं। कॉर्पोरेशन की लगभग दो दशकों तक लम्बी सेवा करते हुए आपको इस बात का पूरा मौका मिला कि आप प्रगति की इस ऐतिहासिक प्रक्रिया के प्रत्यक्षदर्शी और हिस्सेदार होने का गर्व कर सकें।

आपकी इस दीर्घ अवधि की सेवा का कॉर्पोरेशन में विशेष स्थान है। इस की स्मृति को बनाए रखने के लिए निगम ने प्रतीक स्वरूप एक छोटा-सा उपहार देने का निश्चय किया है।

मेरे लिए यह सौभाग्य का दिन है कि मैं निगम की ओर से आपको इस लम्बी साझेदारी की यादगार स्वरूप यह एच एम टी क्वार्टज घड़ी उपहार स्वरूप दे रहा हूं।

मैं आपके और आपके परिवार के सुखद एवम् समृद्ध भविष्य की कामना करता हूं।

शुभकामनाओं सहित,

आपका
कार्यकारी निदेशक

श्री.................
कर्मचारी संख्या..........
विभाग............

प्रेस पत्राचार

प्रेस विज्ञप्ति (Press Communique)/ प्रेस नोट (Press Note)

सरकार के किसी निर्णय का प्रचार करने के लिए प्रेस विज्ञप्ति या प्रेस नोट जारी किया जाता है। महत्त्वपूर्ण सूचना देने के लिए भी इसका उपयोग होता है।

अंतर : प्रेस नोट व प्रेस विज्ञप्ति दोनों में थोड़ा-सा अंतर होता है। प्रेस विज्ञप्ति औपचारिक होती है। संबंधित विभाग का निर्णय होने के नाते प्रेस (समाचार पत्र, आकाशवाणी/दूरदर्शन) को इसे ज्यों का त्यों देना होता है, जबकि प्रेस नोट को पत्रकार, संवाददाता/प्रस्तुतकर्ता छोटा या बड़ा कर सकते हैं।

उदाहरणार्थ : मथुरा रिफाइनरी को कच्चे तेलशोधन की क्षमता 6 लाख टन से बढ़कर 7.5 लाख टन प्रतिवर्ष करने के निर्णय के संबंध में प्रेस को दी जाने वाली सूचना प्रेस विज्ञप्ति होगी। जबकि हिन्दी कार्यशाला/प्रसाद जयंती के उपलक्ष्य में आयोजित संगोष्ठी की रिपोर्टिंग एक प्रेस नोट के रूप में दी जाएगी।

नमूना—1.

इण्डियन ऑयल कॉर्पोरेशन लिमिटेड

मथुरा रिफाइनरी मथुरा

प्रेस विज्ञप्ति

दिनांक........

मथुरा रिफाइनरी अग्नि दुर्घटना में कोई झुलसा नहीं

24 नवम्बर को मथुरा रिफाइनरी की बिस्ब्रेकर यूनिट में लगी आग में जिसे लगभग आधे घंटे में बुझा लिया गया था, किसी कर्मचारी को आग से कोई चोट नहीं आई और न ही कोई कर्मचारी आग से झुलसा। कुछ समाचार पत्रों में इस बारे में भ्रामक समाचार छपे हैं। आग बुझाने के उपकरणों के प्रयोग करने से 2 रिफाइनरी कर्मचारियों तथा 3 केंद्रीय औद्योगिक सुरक्षा बल के जवानों को मामूली चोटें आईं तथा इन सभी को प्राथमिक उपचार के बाद अस्पताल से छुट्टी दे दी गई थी।

हस्ताक्षर

वरिष्ठ जनसंपर्क अधिकारी

नमूना—2

इंडियन ऑयल कॉर्पोरेशन लिमिटेड

मथुरा रिफाइनरी मथुरा

प्रेस नोट

दिनांक……

मथुरा रिफाइनरी में एफ० सी० सी० कार्यशाला का आयोजन

मथुरा रिफाइनरी में 6 व 7 जुलाई, 1989 को 'फ्ल्यूड कैटेलिटिक क्रेकिंग यूनिट (एफ० सी० सी०) पर एक कार्यशाला आयोजित की गई। इस कार्यशाला में इंडियन ऑयल कॉर्पोरेशन के इंजीनियरी इकाई में महत्त्वपूर्ण इकाई की समस्याओं, सफलताओं एवं नई तकनीकों के उपयोग पर चर्चा की गई।

एफ० सी० सी० इकाई में, एटमास्फिरिक वैक्युम यूनिट से निकले भारी पदार्थों जैसे—वैक्यूम गैस ऑयल को एल्यूमिना सिलीकेट उत्प्रेरक की उपस्थिति में विघटित किया जाता है जिससे घरेलू काम में आने वाली एल० पी० जी०, मोटर, स्प्रिट, नेप्था, कैरोसिन तथा डीजल जैसे हल्के पदार्थ प्राप्त होते हैं।

इस कार्यशाला का उद्घाटन करते हुए मथुरा रिफाइनरी के कार्यपालक निदेशक श्री पी० एस० टेकचंदानी ने कहा कि आज के विकासशील तकनीक के युग में जबकि वातावरण में बदलाव आ रहा है, कच्चे तेल तथा पेट्रोलियम उत्पादों की कीमतें बढ़ रही हैं, तकनीक को सतत रूप से विकसित करना आवश्यक हो गया है। पेट्रोलियम आसुतों की बेहतर उपलब्धि के लिए इंडियन ऑयल ने गुजरात व मथुरा रिफाइनरी में एफ० सी० सी० इकाइयों की स्थापना की। चूंकि मथुरा व गुजरात की ये इकाइयां मूलरूप से एक जैसी हैं इसलिए इन दोनों में कार्यरत अभियंताओं के आपसी विचार-विमर्श से अच्छे परिणाम सामने आएँगे तथा इससे सम्बद्ध कठिनाइयों को दूर करने में मदद मिलेगी। श्री टेकचंदानी ने दीप प्रज्ज्वलित कर कार्यशाला का औपचारिक रूप से उद्घाटन किया।

इससे पूर्व महाप्रबंधक श्री यशदेव पुरी ने कार्यशाला के प्रतिभागियों का स्वागत किया। वरिष्ठ तकनीकी सेवाएँ प्रबन्धक श्री एच० पी० सिंह ने कार्यशाला के विषयों पर प्रकाश डाला। उपमहाप्रबंधक (सामान्य) श्री एस० वाई० खेडकर इस कार्यशाला के संयोजक हैं तथा विभिन्न सत्रों का संचालन कर रहे हैं। मुख्यालय प्रतिनिधि के रूप में उप महाप्रबन्धक (अनुरक्षण) श्री एस० एन० झा इस कार्यशाला का नियामन कर रहे हैं। कार्यशाला में लगभग 40 प्रतिभागी भाग ले रहे हैं।

हस्ताक्षर

जनसम्पर्क अधिकारी

तार-लेखन

रफ्तार की दुनिया में 'तार' का अपना अलग ही स्थान है। तार सेवा का जन्म अमरीका में हुआ, इसका श्रेय सैमुअल बी मोर्स को है। उन्होंने सन् 1839 में वाशिंगटन और बाल्टीमोर के मध्य 40 कि० मी० लम्बी तार लाइन डाल-कर विशेष संकेतों के माध्यम से संदेश भेजने में सफलता प्राप्त की। बाद में इन्हीं विशेष संकेतों का नाम मोर्स संकेत पड़ा और इस प्रणाली को मोर्स प्रणाली कहा गया। भारत में तार सेवा का प्रारम्भ 1839 में हुआ। सर्वप्रथम कलकत्ता एवं हारबर के मध्य लगभग 35 कि० मी० लम्बी तार लाइन डालकर तारों के संकेतों का सफल प्रेषण डॉ० ओशनेशी ने किया। सन् 1853 में तार सेवा को ईस्ट इंडिया कंपनी के माध्यम से सरकारी नियन्त्रण में लाया गया। सन् 1857 में भारतीय तार विभाग की स्थापना हुई। प्रारम्भ में यह सेवा केवल सैनिक एवं सरकारी प्रयोजन के लिए ही सीमित थी। बाद में इसकी उपादेयता को देखते हुए इसे जनसाधारण के लिए सुलभ कर दिया गया। शायद ही कोई ऐसा कार्यालय हो जिसका कार्य बिना तार के चलता हो। नियम-कायदे न मालूम होने से काफी असुविधा होती है। यहाँ कुछ मुख्य-मुख्य बातों पर विचार करने से दो बातें स्पष्ट होंगी। पहली यह है कि तार का प्रारूप (ड्राफ्ट) बनाना कोई कठिन कार्य नहीं है। दूसरी बात यह है कि हिन्दी के तार कम खर्च में अधिक बोधगम्य व प्रभावशाली रूप में भेजे जा सकते हैं। तार विभाग ने राजभाषा की सेवा हेतु कुछ विशेष नियम बना रखे हैं, जो इस प्रकार हैं :

1. दस अक्षरों तक के शब्द पर एक शब्द का 'तार-प्रभार' लगता है। एक शब्द में दस से अधिक अक्षर हों तो दस-दस अक्षरों के शब्द गिनने के बाद बाकी बचे अक्षरों को भी एक शब्द गिना जाएगा।

2. मात्राओं को अलग अक्षर नहीं गिना जाएगा जैसे—न+ी=नी एक ही अक्षर गिना जाएगा।

3. अधिक से अधिक दस अक्षरों वाले संपूर्ण क्रिया-वाचक वाक्य/वाक्यांश को तार प्रभार के लिए एक ही शब्द गिना जाएगा। जैसे—आ रहा हूं, भेज दिया गया, चले गए हैं, भिजवा दें आदि।

4. कारक चिह्नों अथवा सम्बन्ध सूचक शब्दोंजैसे—ने, की, को, का, में, पर तथा से आदि को प्रथम शब्द के साथ मिलाकर लिखना चाहिए। जैसे रिफाइ-नरीपर, मजदूरोंने, मैनेजरको, अतिथिगृहमें, अधिकारीका, दोपहरकी, इधरसे आदि के लिए केवल एक शब्द का प्रभार लगेगा।

5. समास/संधि युक्त शब्दों को एक ही शब्द गिना जाएगा। जैसे अत्यावश्यक, दीर्घकालीन, असंतोषजनक आदि।

6. संयुक्त व्यंजनों में प्रत्येक अक्षर गिना जाएगा। जैसे—क्ष, त्र, ज्ञ, स्थ, क्त आदि में दो-दो अक्षर तथा स्वयं में तीन अक्षर गिने जाएँगे।

7. उपबंध (1) को ध्यान में रखते हुए पदनाम एक शब्द गिना जाएगा बशर्ते बीच में स्थान न छोड़ा गया हो, जैसे—सामान्यप्रबंधक, उपप्रबंधक, व मुख्यप्रबंधक आदि का भी एक ही शब्द का प्रभार लगेगा।

8. पत्रांक/दिनांक आदि एक ही शब्द होता है, परन्तु 'तार प्रभार' के लिए पाँच-पाँच अंकों/चिह्नों तक के समूह को एक शब्द गिनते हैं। जैसे "म रि (प्रबन्ध)/3891-95/802 एल पी जी", में 24 अंक चिह्न हुए, पाँच-पाँच अंकों/चिह्नों के चार तथा चार चिह्नों का एक समूह बना अर्थात् 5 शब्दों का 'तार-प्रभार' लगेगा। कोष्ठक की दोनों बगलों को एक-एक अक्षर गिनते हैं। एक और उदाहरण देखें—14.9.1984 में कुल नौ संख्या/चिह्न हुए जिस के लिए दो शब्दों का प्रभार लगेगा।

9. विराम चिह्न (पंचुएशन मार्क) यदि दो पूर्ण शब्दों के बीच में पड़ जाए तो उसका एक शब्द गिनेंगे।

कोष्ठक (दोनों बगल) का एक शब्द होता है। जैसे "मई/जून", (1985/86), "रात-दिन" (नहीं) आदि का तीन शब्दों का प्रभार लगेगा। (.) का दो शब्द प्रभार तथा स्टाप या विराम का एक शब्द प्रभार लगेगा।

10. गंतव्य स्थान के नाम को भी एक शब्द का प्रभार लगता है बशर्ते नाम को उसी रूप में लिखा जाए जैसा तार-निर्देशिका में लिखा है। उदाहरण के लिए—रिफाइनरी के तार-घर का नाम "मथुरारिफाइनरी" है। इसके लिए केवल एक शब्द का प्रभार लगेगा।

11. सूक्ष्म शब्द (शार्ट-फार्म) का भी एक शब्द का प्रभार लगेगा। जैसे भारतीय तेल निगम का सूक्ष्म रूप 'भा० ते० नि०' लिखने से तीन शब्द का प्रभार लगेगा।

12. तार का पता—हिन्दी में भी पंजीकृत होता है। पंजीकृत पते का प्रयोग करने से तार शीघ्र व सही गंतव्य पर पहुँचते हैं। हमारी रिफाइनरी का पंजीकृत का पता "ऑयल रिफाइनरी" है।

13. तार के प्रचलित प्रकार एवं अधिभार—

कुछ सामान्य तारों के मसौदे देखें जिन्हें हिन्दी में भेजकर किस तरह अधिक बचत की जा सकती है—

*Inform Arrival date of Director at baroda (.)

निदेशककी बड़ौदा आगमनतिथि बताइए।

Reaching Tomorrow by Tufan Exp Ten Thirty hours stop Send staff Car stop

तूफानमेलसे कल साढ़े दस बजे आ रहा हूं। स्टाफ कार भेजें। (9 शब्द)

Please reserve Accomodation in Ooty holiday homefor Shri Jayanti Pd of this office From Eleventh to Fifteenth March (.)

ऊटी होलीडेहोममें इस कार्यालय के श्री ज्योतिप्रसादके लिए ग्यारहसे पंद्रह मार्च तक आवास आरक्षित करें।

Your Letter fifteenth March stop extension of leaves not Possible stop Resume duty Twenty four March Positively (.)

पंद्रह मार्चका आपका पत्र अवकाश वृद्धि संभव नहीं। चौबीस मार्चको कामपर अवश्य आजाएं।

Regret leaves cancelled stop Report on duty to adjurant 801 engr regiment (TA) Agrafort Agra forthwith stop Failure will treated under Arms Act.

सखेद अवकाश रद्द किया जाता है, (स्टाप) काम पर एडजूरेण्ट 801 इंजीनियर रेजिमेन्ट (टीए) आगराकिला आगराकी अविलंब रिपोर्ट करें अन्यथा आर्म्सएक्ट तहत कार्यवाही की जाएगी।

कुछ ऐसे वाक्यांश हैं जिन्हें अंग्रेजी में लिखने से दो या तीन शब्दों का प्रभार लगता है परन्तु हिन्दी में केवल एक ही शब्द का प्रभार लगता है। जैसे—

Again and Again	Will be able to come
बारम्बार	आसकूंगा/आसकेंगे
As and when	Date of Arrival
जबकभी	आगमनतिथि
As Early as possible	So long as
यथाशीघ्र	जबतक
As Soon as	Without Delay
ज्योंही	अविलम्ब

* तार में अंग्रेजी के प्रत्येक अक्षर कैपिटल में प्रयुक्त होते हैं।

In Public Intrest	Day and Night
लोकहितमें/जनहितमें	रात-दिन
Awaited Since Long	In absence of information
चिरप्रतीक्षित	सुचनाभावमें
No obejection certificate	In due course
अनापत्तिपत्र	यथासमय
By Registered Post	Parcel has been sent
रजिस्ट्रीसे	पार्सल भेज दिया गया है ।

आदि ऐसे वाक्यांश हैं जिनका तार में प्रयोग बहुधा होता है, तथा प्रारूप बनाते समय आसानी से याद आ जाते हैं । किसी प्रकार की अड़चन पड़ने पर 'हिन्दी तार निर्देशिका' आपकी सहायता करती है । अच्छा हो आप अनुवाद न करके मूल-मसौदा ही हिन्दी में तैयार करें ।

पुनश्च, तार का मसौदा हिन्दी में बनाने के लिए लिखना शुरू करके 'बिन्दु विश्राम' से पहले अटकें नहीं, बीच-बीच में अन्य किसी भाषा का प्रचलित शब्द आ जाने से चिन्तित न हों । दुबारा पढ़ने से अपने आप अभ्यास होता चला जाएगा ।

तकनीकी शब्दावली

बडोदरा स्थित 'न्यायमन्दिर' स्थान पर शाम को एक व्यक्ति ने जाकर पूछ-ताछ की कि मन्दिर किधर है। लोगों ने बताया यही सामने वाला तो न्यायमंदिर है। उसने कहा फिर शाम को कैसे बन्द हो गया। सुबह-शाम ही तो भगवान की आरती की जाती है, दर्शन किए जाते हैं। लोगों ने बताया कि साहब यह वास्तविक न्यायमन्दिर है यानी कि कोर्ट है। तब हमारी समझ में आया कि यह अदालत का पर्यायवाची शब्द है। यूं यदि शाब्दिक तौर पर देखा जाए तो न्यायमन्दिर कोर्ट का अर्थ देता है लेकिन विधि के क्षेत्र में विधि शब्दावली ने जो कोर्ट के लिए शब्द निर्धारित किया है, वह न्यायालय किया है। यानी कि कोर्ट का हिन्दी पारिभाषिक शब्द न्यायालय है और पूरे देश में कोर्ट के लिए यही शब्द चलता है। उदाहरणार्थ उच्चतम न्यायालय (सुप्रिम कोर्ट), उच्च न्यायालय (हाई कोर्ट), सत्र न्यायालय (सैशन कोर्ट) ग्रादि आदि। लेकिन जब हम बड़ोदरा के सन्दर्भ में चर्चा करते हैं तो यह—न्यायमंदिर यहाँ के लिए एक पारिभाषिक शब्द बन गया है। एक स्थान विशेष का वाचक कोर्ट का पर्याय है। अतः यह एक तकनीकी शब्द है।

अब शब्द पर चर्चा करते हैं। पद या वाक्य में प्रयुक्त एक या एक से अधिक ध्वनियों के सार्थक समूह को "शब्द" कहते हैं।

प्रश्न यह कि ज्यादातर वैयाकरण मानते हैं कि शब्द दो या दो से अधिक ध्वनियों के ही संयोग से ही बनता है। जैसे—आम=आम्र (आ+म्+र+अ) 3 ध्वनि ख=आकाश (ख्+अ) =2 ध्वनि।

लेकिन मेरा मानना यह है कि हमारे यहाँ केवल एक ध्वनि के भी सार्थक शब्द हैं बल्कि सम्पूर्ण वाक्य हैं। प्रस्तुत है उदाहरण आ=(Came) (आइए) एक ध्वनि का शब्द, वाक्य।

शब्दों के प्रकार

यूं शब्दों के अनेक प्रकार होते हैं लेकिन कुछ खास-खास प्रकारों को यहाँ लिया जा रहा है—

1. **रचना के आधार पर**—रचना के आधार पर शब्द दो प्रकार के होते हैं—

(क) मूल—जैसे देव, मृग, हार आदि।

(ख) यौगिक--जैसे देवालय, मृगेश, संहार आदि।

2. **अर्थ के आधार पर**—अर्थ के आधार पर शब्द दो प्रकार के होते है।

(क) एकार्थी=निविदा, प्रशासन आदि।

(ख) अनेकार्थी=पानी, टीका, हरि, सारंगा आदि।

3. **स्रोत के आधार पर**—स्रोत के आधार पर शब्द चार प्रकार के होते हैं—

(क) तत्सम=तत्सम=(तत्+सम) उस जैसा, किस जैसा, जैसा कि संस्कृत में है माणिक्य, चन्द्र, कृष्ण आदि।

(ख) तद्भव अर्थात् जैसा है या हो गया है यानी कि संस्कृत से जिसका विकास हुआ। लेकिन व्यवहार के कारण मुख सुख की दृष्टि से उच्चारण में हो गया—यथा माणिक, मानिक, चांद, चंदा, चंद। शाप, शराप, किसन, कान्हा।

(ग) **देशज**—अर्थात् जो देश से या लोकमाटी के शब्द से जन्मते हैं। उन्हें देशज कहा जाता है। यानी कि उनका प्रचलन क्षेत्र विशेष में ही होता है 'मानक भाषा में नहीं। उदाहरणार्थ—(1) **सानी**—'सानी' ब्रज क्षेत्र का शब्द है। भैंस की लढावनी में भूसा, हरा चारा, खल आदि में पानी मिलाकर जो मिश्रण तैयार किया जाता है वह सानी कहलाती है।

(2) **खेस**-- उत्तर भारत के एक चादर जैसे कपड़े का नाम है जो कि दो सूतों से करघे पर बुना जाता है।

(3) **अकस्मात**—गुजरात में यह शब्द दुर्घटना के लिए प्रयुक्त होता है।

(4) **खलास**—गुजरात में वस्तु के खत्म हो जान पर खलास शब्द प्रयुक्त किया जाता है। वहीं ब्रज प्रदेश में इसका अर्थ कुछ ज्यादा अच्छे सन्दर्भ में नहीं होता और इसी से बना शब्द खल्लासी का अर्थ ही अलग हो जाता है।

(5) **तपास**—गुजराती में तपास का अर्थ तलाश करने से होता है।

(6) **गाछ**—पूर्वी उत्तर प्रदेश या बिहार में गाछ का प्रयोग वृक्ष के लिए किया जाता है। कहने का तात्पर्य यह है कि उपर्युक्त शब्द देशज हैं और ये संबंधित देश यानी स्थान पर ही अपना विशेष अर्थ देते हैं।

(घ) **गृहीत**—गृहीत शब्द मूल भाषा के अतिरिक्त अन्य भाषाओं देशी-विदेशी से लिए जाने वाले शब्दों को कहा जाता है। जैसे : साइकिल, कटलेट, आमलेट, चाय, कोट, कमीज, सलवार आदि।

अर्थात् ये शब्द अब हिन्दी में ऐसे पचा लिए गए हैं जैसे कि अब ये हिन्दी के ही शब्द हों।

प्रयुक्तियां—अंग्रेजी में इसका पर्याय "रजिस्टर" है। यानी कि कार्य विशेष के लिए या स्थान विशेष के लिए जिन शब्दों को रजिस्टर्ड यानी कि पंजीकृत

कर दिया गया है तथा प्रयोग के आधार पर जिन उक्तियों को शब्दों को परिक्रमित कर दिया गया है, वे भाषा विज्ञान में प्रयुक्ति शब्द कहलाते हैं। प्रयुक्तियां प्रयोग के आधार पर विभिन्न प्रकार की होती हैं :

(क) संगीत/नृत्य की परिभाषित शब्दावली—राग भैरवी, रामकली, पंचम, कहरवा, ताल, ठेका, कुचीपुड़ी, भरतनाट्यम आदि।

(ख) बाजार भाव की शब्दावली—यथा चना चटका, सोना लुढ़का, चांदी उछली।

(ग) खेलकूद की शब्दावली—चित, धोबी घाट आदि।

(घ) काव्यशास्त्र—छंद, अलंकार, ध्वनि, रस आदि।

राजभाषिक शब्दावली—(तकनीकी शब्दावली)

उपर्युक्त सभी शब्दावलियों की भांति प्रयोग के आधार पर राजभाषा की भी अपनी एक अलग शब्दावली है जो इसे अन्य शब्दावलियों से अलगाती है। इसका संक्षिप्त विकास नीचे दिया जा रहा है—

1940 सर्वप्रथम अंतरिम सरकार के समय केन्द्रीय-शिक्षा-सलाहकार-मंडल की बैठक हुई जिसमें यह तय किया गया कि अन्तर-राष्ट्रीय व्यवहार के शब्दों को ज्यों का त्यों ले लिया जाए।

1952 शिक्षा मंत्रालय के अधीन हिन्दी अनुभाग की स्थापना तथा गणित, भौतिकी, रसायन, वनस्पति विज्ञान एवं सामाजिक शब्दावलियां बनीं।

1955 राजभाषा आयोग का गठन किया गया। जिसकी सिफारिशों को लागू करने के लिए एक 30 सदस्यों वाली 'संसदीय-राजभाषा-समिति' का गठन किया गया, जिसमें कि 20 लोकसभा के व 10 राज्यसभा के सदस्य होते हैं।

1960 राष्ट्रपति ने अध्यादेश जारी किया, जिसके चौथे आदेश में शब्दावली आयोग के गठन के बारे में निर्देश दिए गए।

1961 वैज्ञानिक व तकनीकी शब्दावली आयोग का गठन।
इसके बाद विधि शब्दावली आयोग भी गठित किया गया।

1962 पारिभाषिक शब्द संग्रह प्रकाशित।

1964 गणित, प्राणि विज्ञान, भूगोल, भू-विज्ञान, भौतिक एवं रसायन शास्त्र की समन्वित शब्दावली प्रकाशित।

1970 विधि शब्दावली प्रकाशित।

1973 बृहद पारिभाषिक शब्द संग्रह प्रकाशित किए गए।

इस प्रकार वैज्ञानिक एवं तकनीकी शब्दावली आयोग की देखरेख में अब तक 20 से अधिक शब्दावलियां प्रकाशित की जा चुकी हैं। इन शब्दावलियों की

खास विशेषता यह है कि इनका मूल्य बहुत ही कम है जो मात्र प्रतीक के रूप है। इसके अलावा विधि से संबंधित लगभग सभी विषयों पर हिन्दी में पुस्तकें भी प्रकाशित की हैं।

तकनीकी शब्दावली के चयन की मुख्य-मुख्य बातें

तकनीकी शब्दावली आयोग में विभिन्न विषयों व भाषाओं के विशेषज्ञों को सम्मिलित किया गया और काफी अध्ययन व चर्चा के बाद ही शब्दों का चयन किया गया। शब्दावली चयन की कुछ मुख्य-मुख्य बातें दी जा रही हैं—

एकरूपता—एकरूपता पर विशेष बल दिया गया। यदि किसी एक शब्द के कई पर्याय, पूरे देश में चल रहे हैं तो उनके प्रयोग व व्यवहार की बारंबारता व क्षेत्र के आकार को ध्यान में रखते हुए चयन किया गया। उदाहरणार्थ अंग्रेजी के ज़ोन शब्द के लिए हिन्दी भाषी प्रांतों में अंचल, क्षेत्र, कटिबंध, खंड आदि शब्द चल रहे हैं।

शब्द चल रहे थे लेकिन सबसे ज्यादा प्रयुक्ति जिस शब्द की थी वह था अंचल अतः अंचल को ही स्वीकार किया गया।

इंजीनियर के लिए यंत्री व अभियंता दो शब्द चल रहे थे लेकिन बहुमत के आधार पर अभियंता शब्द को ही माना गया।

एग्जीक्यूटिव के लिए क्रमशः कार्यपालक, कार्यकारी, अधिशासी एवं निष्पादक शब्द चल रहे थे। लेकिन इनमें से कार्यकारी शब्द को मान्यता दी गई लेकिन संदर्भ के अनुसार इसमें भी मामूली परिवर्तन करने की छूट दी गई जैसे प्रोग्राम एग्जीक्यूटिव के लिए कार्यक्रम-निष्पादक रखा गया। लेकिन एग्जीक्यूटिव डायरेक्टर लिए कार्यकारी-निदेशक चल रहा है जो कि संगत नहीं है। इसी प्रकार उत्तर प्रदेश में एग्जीक्यूटिव इंजीनियर के लिए अधिशासी चल रहा है। लेकिन राज्यों को केन्द्र की शब्दावली ही अपनानी चाहिए।

माप की इकाइयों का ज्यों का त्यों अपनाया जाना—माप की इकाइयों तथा वैज्ञानिक चिन्हों, सेंटीमीटर, लीटर, कैलोरी, बीटा, गामा, थीटा, पाई, लेम्डा आदि को ज्यों का त्यों अपनाया गया।

रासायनिकों के नाम—रासायनिकों के नामों को भी ज्यों का त्यों अपनाया गया—एसिटलीन, मिथाइल एल्कोहल, प्लास्टिक, कार्बन आदि।

वैज्ञानिकों के नाम पर आधारित शब्द—वैज्ञानिकों के नाम पर आधृत शब्दों को भी ज्यों का त्यों ही माना गया। फैराडे, फॉरनहाइट, आर्कीमिडीज, रमन, आदि।

भारतीय प्रकृति के अनुरूप शब्दों में परिवर्तन

यह भी स्वीकारा गया कि हम अपनी व्याकरण के अनुसार गृहीत शब्दों को

नए सिरे से गढ़ सकते हैं : फिल्टरित, वाउचरीकृत, आक्सीकरण, नत्रजन, अत्र-जल, ज्यामिति, त्रिकोणमिति, अकादमी, त्रादसी, अल्थीथम, अस्पताल आदि ।

संकल्पना

उन शब्दों के जिनके कि हमारे पास पर्याय उपलब्ध हैं हमें अपने ही शब्दों का प्रयोग करना चाहिए।

ग्रेविटी=गुरुत्व

एनर्जी=ऊर्जा

फ्यूल=इंधन

मोलक्यू=परमाणु

एटम=अणु

टेलीग्राफ=तार

टेलीविजन=दूरदर्शन

कांटिनेंट=महाद्वीप

विश्वव्यापी प्रोग्राम

जिन शब्दों का विश्वव्यापी प्रोग्राम है उन्हें ज्यों का त्यों लिखा जाना चाहिए। रेडियो, स्टेशन, स्टंप मानसून, सिगरेट, कॉफी, रेल, स्कूटर, क्लब, गीयर, ब्रेक, एरियल, वायलर, कंप्रेसर, बैटरी, चैसिस, पेट्रोल, डीजल, पम्प रिफाइनरी आदि।

भारतीय अन्तर्राष्ट्रीय शब्द

यह नहीं है कि केवल विदेशी भाषाओं के शब्द ही विश्वव्यापी प्रयोग मे हैं। हमारे भी हजारों शब्द विश्वव्यापी प्रयोग में हैं। घी, घिराव, लाठी, हड़ताल, साड़ी, रसगुल्ला, योग, आसन, यज्ञ, मसालाडोसा, जलेबी आदि।

उपर्युक्त विवेचन से स्पष्ट है कि तकनीकी शब्दावली से तात्पर्य केवल मशीनरी प्लांट आदि से नहीं है बल्कि शब्द तकनीक एक टर्म है। यह टर्म किसी भी शब्दावली के लिए हो सकता है जैसे वादी-प्रतिवादी। यह विधि शब्दावली का शब्द है तो यह भी एक प्रकार से तकनीकी शब्द है।

जब हम राजभाषा के क्षेत्र में तकनीकी या पारिभाषिक शब्दावली की बात करते हैं तो इसमें वैज्ञानिक चिकित्सा आदि शब्दावली के साथ-साथ मानविकी के शब्दों को भी गिनना चाहिए। राजभाषिक शब्दावली उत्तरोतर वृद्धि की ओर है और कहा जा सकता है कि भविष्य में इसका भंडार विश्व की किसी भी प्रयुक्ति से बड़ा साबित होगा।

पारिभाषिक शब्दावली

शब्द 'पारिभार्षिक' परिभाषा में इक प्रत्यय जोड़ने से बना है जिसका अर्थ है परिभाषा सम्बन्धी ऐसे शब्द या शब्दावली जिनकी परिभाषाएँ यानी कि परिक्रमा/परिधि निश्चित कर दी गई है कि आपका दायरा यह है। इसी दायरे में आप अर्थ नहीं देंगे या देंगे तो परिभाषिक नहीं होगा। प्रत्येक भाषा में काम की दृष्टि से, व्यवहार की दृष्टि से, समाज की दृष्टि से, धर्म की दृष्टि से अलग-अलग शब्दावलियाँ होती हैं जिसे भाषा विज्ञान में 'रजिस्टर' यानी कि प्रयुक्तियाँ (प्रोक्तियाँ) कहा जाता है। उदाहरणार्थ बाजार भाव की प्रयुक्ति, खेलकूद की प्रयुक्ति, विज्ञान की प्रयुक्ति, चिकित्सा की प्रयुक्ति, अभियांत्रिकी की प्रयुक्ति, प्रशासनिक। कहने का तात्पर्य यह है कि प्रत्येक प्रयुक्ति की अपनी अलग शब्दावली होती है यथा खेलकूद की शब्दावली—सतपाल ने रहमान को धोबी घाट पर चित कर दिया। अब धोबी घाट और चित दोनों शब्द खेलकूद की भाषा के लिए पारिभाषिक शब्द हैं। जब हम कहते हैं कि चना चटका, चांदी उछली, सोना लुढ़का तो शब्द चटका, उछली और लुढ़का बाजार भाव की प्रयुक्ति हैं जो कि अन्य जगह ये अर्थ नहीं देंगे। बांस की मण्डी में जाकर यह पूछना कि बांस कितने रुपये के 'कोड़ी" दिए हैं तो शब्द कोड़ी यानी कि 20 की संख्या कहीं दूसरी जगह इस अर्थ में प्रयुक्त नहीं हो सकती। इसी प्रकार ऋचा, हवन आदि याज्ञिक शब्द हैं जो कि इस अभिप्राय के लिए निर्धारित हैं। चिकित्सा विज्ञान के शब्द 'लूप' को हम कहीं दूसरी जगह प्रयुक्त नहीं कर सकते। इसी प्रकार प्रशासन की भाषा की भी अपनी अलग शब्दावली है। कार्यालय की भाषा की भी अपनी अलग शब्दावली है और राजभाषा की शब्दावली की भी अपनी अलग प्रयुक्ति है जो कि उसे अन्य प्रयुक्तियों से अलग करती है। राजभाषा की शब्दावली—निविदा, अनुमोदन, स्वीकृति, प्रतिवेदन, परिवीक्षा, स्थानांतरण, बिलकुल अलग हैं।

शब्द है—जल; जब हम इसका प्रयोग 'आसुतजल' के रूप में करते हैं तो यह एक पारिभाषिक शब्द बन जाता है। लीटर, मीटर, किलोग्राम, आदि भी अलग-अलग प्रयुक्तियों के शब्द हैं, अन्यत्र ये सटीक नहीं बैठेंगे। यथा हम राशन

दुकानदार से जाकर कहें कि हमें 1 कि० ग्रा० मिट्टी का तेल दे दीजिए तो दे तो देगा क्योंकि 1 लीटर और 1 किलोग्राम का वजन समान है लेकिन लीटर "धारिता" के लिए नियत हो चुका है । अतः ठीक नहीं लगता ।

हम यहाँ कुछ ऐसी ही शब्दावली के उदाहरण तथा कुछ वाक्यांश प्रस्तुत कर रहे हैं—

अंग्रेजी	हिन्दी
Accurate measurement	यथार्थ माप
Achievement of target	लक्ष्य प्राप्ति
Action plan	क्रियात्मक योजना
Additional charge	अतिरिक्त प्रभार
Ad-hoc Committee	तदर्थ समिति
Adjustment of Account	लेखा समायोजन
Administrative Control	प्रशासनिक नियन्त्रण
Adutleration	मिलावट
Advance copy	अग्रिम प्रति
Adverse effect	प्रतिकूल प्रभाव
Adverse remarks/comment	प्रतिकूल अभ्युक्ति/टिप्पणी
Agenda	कार्य-सूची/कार्यक्रम
Agent	अभिकर्ता/एजेंट
Allocation of Fund	निधि आबंटन
Age of superannuation	सेवानिवृत्ति आयु
Ancillary	आनुषंगिक
Anticipation	प्रत्याशा/पुर्वानुमान
Appendix	परिशिष्ट
Applicable	लागू
Appointing authority	नियुक्ति प्राधिकारी
Appointment	नियुक्ति
Appraisal	मूल्यांकन
Appropriate	उपयुक्त/उचित
Appreciation of work	कार्य प्रशंसा
Approximate measurement	अनुमानित माप
Area of operation	कार्यक्षेत्र

Audit report	लेखा परीक्षा रिपोर्ट
Augment of supply	आपूर्ति बढ़ाना
Authenticated copy	अधिप्रमाणित/अधिकृत प्रति
Authorised agent	प्राधिकृत एजेंट/अभिकर्ता
Authorised rate	प्राधिकृत दरें
Authority letter	प्राधिकार पत्र
Availability of product	उत्पाद उपलब्धता
Aviation	विमानन
Avoidable	परिहार्य
Awarding Authority	अधिनिर्णय प्राधिकारी/पंचाट प्राधिकारी
Award of contract	ठेका प्रदान करना/संविदा-आबंटन
Background	पृष्ठभूमि
Back-log	शेष/बकाया
Balance Sheet	तुलन पत्र
Bio-data	व्यक्तिगत विवरण/आत्म विवरण
Bulk purchase	थोक खरीद
Break-up	ब्यौरा/विवरण
Bye-law	उपनियम
Bypass	उपमार्ग
Capital goods	पूँजीगत माल
Capital value	पूँजीगत मूल्य
Carrying capacity	वहन क्षमता
Cartage contractor	ढुलाई ठेकेदार
Casual labour	आकस्मिक/अनियमित मजदूर
Certified copy	प्रमाणित प्रति
Certificate-clearance	निकासी प्रमाण पत्र
Certificate, Service	सेवा प्रमाण पत्र
Certificate, valid	वैध प्रमाण पत्र
Challenging task	चुनौतीपूर्ण कार्य
Charge over	अधिप्रभार
Charge under	अवप्रभार
Closing date	अन्तिम तिथि
Closing session	समापन सत्र

Commitment	वचनबद्धता
Compensatory off	मुआवजी छुट्टी
Competent Authority	सक्षम प्राधिकारी
Completion report	समापन रिपोर्ट
Consignment	प्रेषित/माल पाने वाला
Consumable item	उपभोज्य वस्तु
Contract labour	बंधुआ/ठेका मजदूर
Contravention of rules	नियमों का उल्लंघन
Costing	लागत निर्धारण
Cost of account	लागत लेखा
Cumulative loss	संचित हानि
Customer service	ग्राहक सेवा
Covering letter	व्याख्या पत्र/आवरण पत्र
Credit Note	जमा पत्र/साख पत्र
Daily rated worker	दैनिक दर कामगार/दिहाड़ी कामगार
Damage report	क्षति रिपोर्ट
Deficit	घाटा/कमी
Demand letter	माँग पत्र
Depreciation	मूल्य ह्रास
Discripancy	विसंगति
Distribution	वितरण
Economical	किफायती/सस्ता
Eligibility	पात्रता
Encashment of leave	अवकाश नकदीकरण
Energy conservation	ऊर्जा संरक्षण
Energy consumption source	ऊर्जा खपत स्रोत
Estimated expenditure	अनुमानित व्यय
Exercise the powers	अधिकारों का प्रयोग करना
Facility cost	सुविधा लागत
Fast moving product	अधिक बिकने वाला माल
Feasibility report	साध्यता/व्यवहार्यता रिपोर्ट
Finalise the contract	ठेका तय करना
Financial proceedings	वित्तीय कार्यवाही
Financial relief	वित्तीय राहत

Financial source	वित्तीय साधन
Fire extinguishers	अग्निशामक
Fixed assets	स्थायी परिसंपत्तियाँ
Functional Department	कार्यात्मक विभाग
Fundamental rules	मूल नियम, मूल नियमावली
General amenities	सामान्य सुविधाएँ
Gratuity	उपदान
Gross profit	सकल लाभ
Guidelines	मार्ग निर्देश
Handover charge	कार्यभार सौंपना/कार्यभार देना
Handling loss	चढ़ाई-उतराई में हानि
Holiday Home	अवकाश गृह
Imprest	अग्रदाय
Indemnity Bond	क्षतिपूर्ति बन्ध पत्र
Investment	पूंजी लगाना/निवेश
Item	मद/वस्तु
Job analysis	कार्य विश्लेषण
Job assignment	कार्य समनुदेशन
Job rotation	कार्य आबंटन
Jurisdiction	अधिकार क्षेत्र
Justification	औचित्य
Key-board	कुंजी पटल/की-बोर्ड
Know-how	जानकारी/तकनीकी जानकारी
Loading and unloading	लदान और उतराई
Long Term Settlement	दीर्घकालिक समझौता
Machine breakdown	मशीन में खराबी
Malpractice	कदाचार/अव्यावदायिक
Maturity	परिपक्वता
Despatch	प्रेषण/लदान
Mode of payment	भुगतान विधि
Negative trend/Approach	नकारात्मक प्रवृत्ति/दृष्टिकोण
Net loss	निवल हानि
Net profit	निवल लाभ
Oil industry	तेल उद्योग

Permissible limit	अनुमेय-सीमा
Petty cash items	खुदरा रोकड़ वस्तुएँ
Preference	अग्रता/अधिमान/वरीयता
Prorata basis	यथानुपात आधार
Public deposit	सार्वजनिक जमा
Public interest	सार्वजनिक हित/जनहित
Quotation	भाव/दर/निर्ख
Reading dip	डिप वाचन
Reading Meter	मीटर वाचन
Redesignation	पदनाम में परिवर्तन
Requisition	माँग/अधिग्रहण
Re-settlemnt	पुनर्वास
Review, monthly	मासिक समीक्षा
Rules of couduct	आचरण नियम
Selection Committee	चयन समिति
Shortoge	कमी
Shortfall	न्यूनता/कमी
Specimen signature	नमूना हस्ताक्षर
Spension of supply	आपूर्ति बन्दी
Sponsor the name	नाम प्रायोजित कराना/भेजना
Target	लक्ष्य
Tariff	मूल्य-सूची
Terms of delivery	सुपुर्दगी-शर्तें
Unanimous View	एक राय/सर्वसम्मति
Assessment	निर्धारण
Benefits	हित/लाभ
Genuineness	वैधता
Hospitalisation Charges	चिकित्सा व्यय
Hospitality	आतिथ्य—सत्कार, मेहमानदारी
Perquisities	अनुलाभ
Reimbursement	प्रतिपूर्ति
Representation	अभ्यावेदन
Valuation	मूल्यांकन
Probation	परिवीक्षा

Confirmation	स्थायीकरण/पुष्टि
Discretion	विवेक (स्वनिर्णय)
Faithfully	नेकनीयती/भवदीय
Faculty	संकाय/व्याख्याता
Honorarium	मानदेय
Remuneration	पारिश्रमिक
Mortgage	बंधक
Advance	पेशगी, अग्रिम
Tender	निविदा
Contract	संविदा
Agreement	करार/अनुबंध
Licence	अनुज्ञप्ति
Permit	अनुज्ञापत्र
Notice	सूचना
Notification	अधिसूचना
Act	अधिनियम
Unauthorised expenditure	अनधिकृत व्यय
Waiting list	प्रतीक्षा सूची
Warehouse	माल गोदाम
Wear and tear	टूट-फूट
Write-off	बट्टे खाते में डालना/माफ करना/छूट देना
Yearly arrivals	वार्षिक आमद
Security	प्रतिभूति
Guarantee	प्रत्याभूति
Order	आदेश
Instruction	अनुदेश
Ordinance	अध्यादेश
Letter	पत्र
Form	प्रपत्र
Circular	परिपत्र
Verification	सत्यापन
Attestation	अनुप्रमाणन

Authentication	अधिप्रमाणन
Hypothecation	दृष्टिबंधक
Pledge	गिरवी
Law	विधि
Bye-law	उपविधि (प्रविधान)
Stipulation,	अनुवंध
Provision	उपबंध
Plaintiff	वादी
Defendent	प्रतिवादी
Reconciliation	समाधान
Clearing	समाशोधन/निकासी
Pace	प्रगति
Pacemaker	गति प्रेरक
Pack	संविष्ट (पैक)
Rules	नियम
Regulation	विनियम
Advertisement	विज्ञापन
Press-Communique	प्रेस विज्ञप्ति
Publicity	प्रचार
Pathway	पथिका
Pluk	तख्ता
Colony	उपनिवेश/बस्ती
Initiation	प्रारंभन/प्रवर्तन
Kinetic Energy	गतिज ऊर्जा
Recoupment	वसूली
Initial	प्रारम्भिक/आद्यक्षर
Justification	औचित्य
Merchantile	वाणिज्यिक/व्यावसायिक
Theme	विषय-वस्तु
Abnormal	अपसामान्य
Abolition	उन्मूलन/समापन
Abregation	निराकरण/रद्द करना
Absentee	गैरहाजिरी/अनुपस्थिति

Absolute	निरपेक्ष
Endorsement	पृष्ठाकंन
Earmarked Fund	निर्धारित निधि
Even Number	सम संख्यक
Enlisted	सूचीबद्ध
Empowered	अधिकृत
Motivation	अभिप्रेरण
Alienation	वेगानापन/विमुखन
Creativity	सर्जकता
Belongingness	लगाव/जुड़ाव/अपनापन
Awareness	बोध ज्ञान
Interspection	आत्म निरीक्षण
Self-actualisation	आत्मज्ञान
Conseptual	वैचारिक
Ego	अहम्
Id.	कामतत्त्व
Margin	हासिया
Pla Card	इश्तहार विज्ञापन
Project	परियोजना
Prolong	बढ़ाना, लम्बा करना
Requisite	अपेक्षित
Used Plates	जूठी प्लेटें

जाने-अनजाने

चीतल	हरिण/चमू=सेना/फौज
चाप=धनुष/चायक	चुनने वाला
चेय	चुने जाने वाला
रक्तग्रीव	कबूतर
रक्ताक्ष	कोयल, चकोर, सारस, कबूतर, भैंसा
रपाती	तलवार
रातांग	गिद्ध
लंठ	महामूर्ख/उज्जड़
पर्वधि	चन्द्रमा
पवंग	बंदर, घोड़ा, हिरन
पव	गोबर वायु
पवनाश	सांप
आतिथेय	अतिथियों का स्वागत करने वाला/मेजबान
बंक	तिरछा/टेढ़ा
फ	कटु वाक्य/रूखी बात/आँधी
फक	स्वच्छ/भय (रंग फक होना भयभीत होना)
महिषी	भैंस/पटरानी
जंब	कीचड़
जंबु	जामुन
टंच	कृपण/कंजूस/धूर्त
तल्ख	कड़ुआ/कटु
तल्प	पलंग/सेज/शय्या...
आतिथेय	अतिथियों का स्वागत करने वाले/मेजबान
चेय	चुने जाने योग्य
पाथेय	पथ (पिकनिक/भ्रमण) में साथ ले जाने वाली भोज्य सामग्री/तोशा/संबल

सामरेय	सामरिक/युद्ध संबंधी
शासंय	शामन किए जाने योग्य
चंद्रक	मयूर
चंद्रधर	महादेव
क्षात्र	क्षत्रिय संबंधी
छात्र	विद्यार्थी
कंचुकी	द्वारपाल/अंगिया/चोली/सांप की केंचुली
कंज	कमल/अमृत/केश
कंत	पति/परमेश्वर
कंदक	पालकी
कंदर्प	कामदेव
—अ क	कष्ट
—अ क च	गंजा
—क	सुख
—ख	आकाश
—ग	गमन करने वाला
खग	पक्षी
टिकैत	युवराज/अधिष्ठाता/सरदार/अगुआ (नेता)
टिचन	जो हर तरह से बिलकुल ठीक या दुरुस्त हो।
टिप्पस (देशज)	अपना काम या मतलब निकालने के लिए अपनाई जाने वाली छोटी-मोटी युक्ति ।
टिमाक (देशज)	बनाव-सिगार
टपाल	भेजी जाने वाली चिट्ठी-पत्री/डाक (महाराष्ट्र)
नंदि	शिव/आनंद
नक	आकाश/स्वर्ग
नक्तक	फटा-पुराना/मैला कपड़ा
नक्ती	हल्दी/रात्रि
नगजा	पार्वती
अजंभ	सूर्य, मेढ़क
अज	ब्रह्मा, भेड़, बकरा, चंद्रमा
अजरा	छिपकली
अडंबर	सूर्योदय/ सूर्यास्त के समय की लाली

अंबर	कपड़ा, आकाश
क्षा	पृथिवी
मात्र	केवल
मातृ	माता संबंधी
आकल्प	वेश-भूषा
आगर	खान, भंडार
आगार	घर, मकान/मंदिर/भंडार
आमृहीत	निकाला हुआ (ड्रान)
आनीत	लाया हुआ (ब्रॉट)
आहूत	बुलाया हुआ (कॉल्ड)
क्रीत	खरीदा हुआ (परचेज्ड)
किरीट	मुकुट (क्राउन)

अशुद्ध लिखी जाने वाली कुछ वर्तनियाँ

अशुद्ध	शुद्ध	अशुद्ध	शुद्ध
रचियता	रचयिता	नयी	नई
कवित्री/कवियत्री	कवयित्री	महिलायें	महिलाएँ
यानि	यानी	प्रगट	प्रकट
रात्री	रात्रि	नगद	नकद
बृज	ब्रज	अनुवादित	अनूदित
श्रंगार	शृंगार	साहित्यक	साहित्यिक
अनाधिकार	अनधिकार	अभिताभ	अमिताभ
उपरोक्त	उपर्युक्त	बांये	बाएँ
अनुग्रहीत	अनुगृहीत	दांये	दाएँ
चिन्ह	चिह् न	मिश्रा	मिश्र
अपरान्ह	अपराह् न	लुफ्त	लुत्फ
सृजन	सर्जन	शैया	शय्या
विश्वामित्र	विश्वमित्र	ऊषा	उषा
चित्राहार	चित्रहार	सोड़ा	सोडा
उच्चरित	उच्चारित	महत्व	महत्त्व
श्रोत	स्रोत	सन्यास	संन्यास
श्राप	शाप	जबाव	जवाब
भट्टा	भट्ठा	बेबाक/विबाक	बेवाक
मिष्ठान्न	मिष्ठान	वाबजूद	बावजूद
पूज्यनीय	पूजनीय	प्रांगड़	प्रांगण
करा	किया	अंतर्राष्ट्रीय	अंतरराष्ट्रीय
करिएगा	कीजिएगा	सामिग्री	सामग्री
दुनियां	दुनिया	वापिस	वापस
धाराशायी	धराशायी	धूम्र	धूम
दीनानाथ	दीननाथ	हिन्दीतर	हिन्दीइतर
गृहणी	गृहिणी	तदोपरांत	तदुपरांत
अनाधिकृत	अनधिकृत	सुस्वागतम्	स्वागतम्

शब्द-यात्रा

संस्कृत	प्राकृत/पाली	हिन्दी
चक्र	चक्क	चाक
तंदुल	चांउल	चावल
कूर्चिका	कुच्चिआ	कूची
कृत्यगृहिका	किच्चहरिया	कचहरी
कृषरान्न	खिच्चे	खिचड़ी
अर्ध = अद्ध	अद्धा	आधा
महिष	महसि	भैंस
बुषक	भुस्सआ	भूसा
आत्म	अप्प	आप
परशु	फरसु	फरसा
चतुष्क	चउक्क	चौक
अक्षवाटक	अक्खवाडग	अखाड़ा
म्रक्षण	मखाण, मक्खन	माखन
व्याख्यान	वक्खाण	बखान
पुष्कर	पोक्खर	पोखर
स्थानक	थानक थान	थाना
स्थग	ठग	ठग
खर्जूर	खज्जूर	खजूर
परीक्षा	परिक्खा	परख
घोटक	घोडअ	घोड़ा
दोरक	डोरज	डोरा
शिक्षा	सिक्खा सिक्ख सिख	सीख
भिक्षा	भिक्खा भिक्ख भिख	भीख
बल्लभ	बल्लम बालम	बलम
गर्दभ	गर्दभअ गद्दहअ	गधा

शब्द एक अर्थ अनेक

Office	सेवा, पद, औपचारिक कर्तव्य
Office	कार्यालय
Office bearer	पदाधिकारी, कार्यालय संदेशवाहक
Office Memorandum	कार्यालय ज्ञापन
Office order	कार्यालय आदेश
Office of dignity	प्रतिष्ठा पद
Office of profit	लाभ-पद
Officer incharge	प्रभारी-अधिकारी
Official	कर्मचारी-शासकीय/राजकीय/प्रामाणिक/ आधिकारिक
Official dom	अधिकारी वर्ग/अफसरशाही
Official duty	सरकारी पदीय कर्तव्य
Officialism	अफसरशाही
Official Language	राजभाषा
Official organ	मुखपत्र
Officiant	पुरोहित
Officiating	स्थानापन्न
Official version	सरकारी कथन
Official visit	राजकीय यात्रा/सरकारी यात्रा
Official ticket	सरकारी टिकट/राजकीय टिकट
Official rate	अधिकृत दर
Issue	शिशु, जारी करना, प्रतिष्ठा का प्रश्न, मुद्दे अंक, स्राव, निर्णय, परिणाम, लाभ।

कामकाज के शब्दों का हिन्दी रूपांतर

हिन्दी	अंग्रेजी
पंपन	Pumping
पटलन	Lamination
पठन	Reading
प्रघात	Shock
पथकर	Toll
नियमन	Regular station
रियायत	Concession
मिलान	Re-conciliation
पारितोषिक	Award
बयाना/धरोहर राशि	Earnest Money
उपेक्षा	Negligence
अनादर	Disregard
उल्लंघन	Violation
उल्लिखित	Referred, Mentioned
उत्तरदायित्व	Responsibility, Obligation
अभियुक्त	Accused
झाड़न	Duster
टकराव	Clash
टूट-फूट	Breakage
ढहाना	Demolish
तत्कालीन	Of that time/then
झुकाव	Inclination
टिकाऊ	Durable
ढलान	Slope
तटस्थ	Neutral
तथापि	However

कई/अनेक	Several/Many
कठिन/अनेक	Difficult/Hard
कनिष्ठ	Junior/Youngest
कपट	Deceipt/Fraud
कब्जा	Possession/Occupation
इंधन	Fuel
इन्तजार	Wait
इन्तजाम/प्रबन्धन	Arrangement/Management
इलजाम/आरोप	Allegation/Charge
इनकार	Refusal/Denial
हिमनदी	Glacier
स्वायत्त	Autonomus
यथार्थ	Exact, Accurate
गंतव्य	Destination
मंतव्य	Intention
कोष्ठ	Apartment, Box, Chamber
कोशिकाएं (प्रकोष्ठ)	Cell
क्षणिकाएं	Transients
क्षरण	Leakage
क्षेपण	Thursting, Throusing
अंकन	Marking, Writing, Drawing
अंजाम, परिणाम	Result, Consequence
अंट-शंट	Incoherent, irrelevant
अन्ततः, अन्ततोगत्वा	At last, Ultimately
अकस्मात/अनायास	Accidentally, Unexpectedly, Suddenly
पक्षपात	Prejudice/Partiality
परवर्ती	Subsequent, Later
पराकाष्ठा	Extreme
परिवर्द्धन	Enlargement/Extension
परिशिष्ट	Appendix
नमी	Humidity
नम्य	Flexible
नराई	Reed
नसैनी	Scala
नाभिक	Nucleus

वाक्यांश

अंग्रेजी वाक्यों का हिन्दी रूपांतर

1. The agenda papers of the meeting will be sent to you in due course.
   बैठक की कार्यसूची आपको यथासमय भेज दी जाएगी।
2. The bills are passed on the account section for payment.
   बिल लेखा अनुभाग को भुगतान के लिए भेजे जाते हैं।
3. The following cases are still pending with you.
   निम्नलिखित मामले अभी तक आपके पास विचाराधीन पड़े हुए हैं।
4. No travelling allowance will be paid to you in connection with this test.
   इस परीक्षा के सिलसिले में आपको कोई यात्रा भत्ता नहीं दिया जाएगा।
5. Head of account has not been given on the final bill.
   अन्तिम बिल पर लेखा शीर्ष नहीं लिखा गया है।
6. The recovery statement is as per contractor's ledger and is in order.
   वसूली विवरण ठेकेदार के खाते (लैजर) के अनुसार हैं और ठीक हैं।
7. The test check of the engineer has not been carried out to the required percentage.
   अभियंता ने कार्य की परीक्षण जांच यथोचित नहीं की है।
8. The statement of consumption of cement/steel may be checked by the draftsman.
   नवीश सीमेंट/स्टील की खपत का विवरण जांच लें।
9. The source of getting the rates has been shown against each item.
   दर स्रोत प्रत्येक मद के सम्मुख अंकित है।
10. Disconnect supply immediately before removing person from Electrical contact. If not possible to disconnect supply remove person from Electric circut with dry wood or insulated rod with care.

—

बिजली से चिपके (हुए) व्यक्ति को हटाने से पहले विद्युत आपूर्ति बन्द कर दें। यद्दि विद्युत आपूर्ति का बन्द किया जाना सम्भव न हो तो व्यक्ति को सावधानी से इंस्युलेटेड रॉड या सूखी लकड़ी से विद्युत परिपथ से हटाया जाना चाहिए।

11. Please avoid over confidence as well as poor confidence.
अति व अल्प दोनों ही प्रकार के आत्म-विश्वास से बचें।

12. Do not spill the grease, oil, water and other such materials near equipments.
उपकरणों के नजदीक ग्रीस, तेल, पानी, एवं ऐसे अन्य द्रव्यों को फैलने न दें।

13. Do not use oil saturated clothes.
तेल संतृप्त कपड़ों का प्रयोग न करें।

14. Line Clerarance Cetificate must be obtained in writing before start of Electrical Maintenance Job.
विद्युत अनुरक्षण संबंधी कार्य करने से पहले लिखित में "लाइन खाली है" का प्रमाणपत्र अवश्य प्राप्त कर लें।

15. Timely action be taken.
समय पर कार्यवाही की जाए।

16. This is to bring to your kind notice.
यह आपके ध्यान में लाया जाता है।

17. Under advice to us.
हमें सूचना देते हुए/हमें सूचित करते हुए।

18. We are not concerned with this.
इससे हमारा संबंध नहीं है।

19. We draw your kind attention to our letter No....
हम आपका ध्यान अपने पत्रांक···की ओर आकर्षित करते हैं।

20. Whichever is earlier.
जो भी पहले हो।

21. We are not in position...
हम···की स्थिति में नहीं हैं।

22. We hereby extend the period limit...
हम एतद्द्वारा अवधि/सीमा बढ़ाते हैं।

23. Without giving us further chance to remind you.
हमको फिर से याद दिलाने का कोई मौका दिये बिना।

24. Within the stipulation that...
इस शर्त के साथ कि···

25. Please issue reminder.
अनुस्मारक भेजें।

26. Please report.
    रिपोर्ट दीजिए।
27. Please make a special note of this decision.
    इस निर्णय पर विशेष नोट तैयार करें।
28. Please treat this as most urgent.
    इसे अत्यावश्यक समझें/समझा जाये।
29. Please treat this as strictly confidential.
    इसे सर्वथा गोपनीय समझें/समझा जाए।
30. Please verify.
    कृपया जाँच पड़ताल करें/सत्यापन करें।
31. Quash the order issued.
    जारी आदेश रद्द किया जाए।
32. Renewal of limits sanctioned by
    द्वारा स्वीकृत ऋण सीमाओं का नवीनीकरण
33. Recall the entire amount outstanding in the loan account of
    के ऋण खाते में बकाया पूरी रकम वापस मँगाई जाए।
34. Required informotion may please be furnished/be supplied without delay.
    अपेक्षित जानकारी अविलंब भेजी जाए/दी जाए
35. Serve Legal Notice to the borrower.
    उधारकर्ता पर कानूनी नोटिस तामील करें।
36. Steps have already been taken.
    कार्यान्वित/कार्यवाही की जा चुकी है।
37. Subject to approval
    अनुमोदन होने पर
38. Survey report is under study.
    सर्वेक्षण रिपोर्ट अध्ययन में विचाराधीन है।
39. The papers are enclosed/sent herewith.
    कागज/पत्रादि इसके साथ संलग्न हैं/ भेजे जा रहे हैं।
40. We are not concerned with this.
    इसका हमसे सम्बन्ध नहीं है।
41. This may be passed on to......for necessary action.
    इसे आवश्यक कार्यवाही के लिए······को भेजा जाए।
42. The papers are sent herewith.
    कागज-पत्र इसके साथ भेजे जा रहे हैं ।

43. Ministry of......may be consulted.
......मंत्रालय से परामर्श किया जाये ।

44. The file in question is placed below.
अपेक्षित कागज-पत्र नीचे रखे हैं ।

45. The file in question is placed below.
संबंधित मिसिल (फाइल) नीचे रखी हैं ।

46. Requisite files are placed below.
अपेक्षित मिसिलें (फाइलें) नीचे रखी है ।

47. Seen and passed on to......for necessary action.
देख लिया इसे...की आवश्यक कार्यवाही के लिए भेजा जा रहा है ।

48. The proposal is quite in order.
यह प्रस्ताव विधिवत ठीक है ।

49. Administrative approval may be obtained.
प्रशासनिक अनुमोदन प्राप्त किया जाए ।

50. Application may be rejected.
आवेदन अस्वीकार कर दिया जाए ।

51. Casual leave applied for may be granted.
माँगी गई/आवेदित आकस्मिक छुट्टी दे दी जाए ।

52. Formal approval is necessary. The same may be obtained.
औपचारिक अनुमोदन आवश्यक है । प्राप्त कर लिया जाये ।

53. ......may be informed accordingly.
...को तदनुसार सूचित कर दिया जाये ।

54. In view of the circumstances stated above, we may support the proposal.
ऊपर स्पष्ट कीं गई स्थिति को देखते हुए हम इस प्रस्ताव का समर्थन कर दें ।

55. In view of the circumstances stated above, we may agree to the suggestion.
ऊपर बताई गई परिस्थितियों में हम सुझाव से सहमत हैं ।

56. For sympathetic consideration
सहानुभूतिपूर्वक विचारार्थ

57. Give information in detail
विस्तृत सूचना दें ।

58. Get the entries adjusted as an early date.
प्रविष्टियों को यथाशीघ्र समायोजित करें ।

59. Immediate disposal of the case is requested.
मामले को तुरन्त निपटाएं ।
60. In order of priority
प्राथमिकता/वरीयता क्रम में
61. Instructions are solicited.
अनुदेशों की अपेक्षा है/कृपया अनुदेश दें ।
62. In the prescribed manner
निर्धारित/विधिवत/रीति से
63. Inter alia
अन्य बातों के साथ-साथ
64. Justify the proposal.
प्रस्ताव को उचित/न्यायसंगत सिद्ध करें ।
65. Keep pending.
निलंबित रखा जाए/निर्णयार्थ रोका जाए ।
66. Kindly acknowledge receipt
कृपया पावती भेजें/भेजिए
67. Looking into the matter
मामले को देखते हुए
68. Long outstanding entries
लम्बे अर्से से बकाया प्रविष्टियां
69. Matter under correspondence
इस विषय पर पत्राचार हो रहा है । पत्राचार अधीन मामला
70. May be considered
विचार किया जाए
71. May be filed
फाइल कर दिया जाए
72. May be informed accordingly
तदनुसार सूचित किया जाए
73. May be passed for payment
भुगतान/अदायगी के लिए पारित/पास किया जाए ।
74. May be sanctioned
मंजूरी/स्वीकृति दी जाए
75. Most Immediate
अतिशीघ्र
76. Most Urgent
अत्यावश्यक

77. Necessary action may be taken/initiated
आवश्यक कार्यवाही की जाए/प्रारम्भ की जाए
78. Necessary draft is put up.
आवश्यक/अपेक्षित/मसौदा प्रस्तुत है
79. No action necessary
कोई कार्रवाई आवश्यक नहीं/अपेक्षित नहीं है
80. N.B. (Nota Bene)
विशेष ध्यान दीजिए/विशेष सूचना
81. Not available
अनुपलब्ध/मिल नहीं रहा है
82. Note
नोट/टिप्पणी
83. Noted thanks
नोट कर लिया, धन्यवाद
84. Office to note and comply
कार्यालय ध्यान दे और पालन करे
85. Action may be taken as proposed
यथा प्रस्तावित कार्यवाही की जाए
86. Assuring of our best service
अपनी उत्तम बेहतर सेवाओं का आश्वासन देते हुए
87. A list of cases disposed of, is placed below
निपटाए गए मामलों की एक सूची नीचे लगी है
88. All concerned to note
सभी सम्बन्धित नोट करें/ध्यान दे
89. Appropriate action/steps may be taken
उपयुक्त कार्यवाही की जाए
90. As may be necessary
यथावश्यक/जैसा आवश्यक हो
91. Await reply/early response is awaited
उत्तर की प्रतीक्षा करें/शीघ्र उत्तर की अपेक्षा है
92. Bill has been scrutinized and found in order
बिल की जांच की गई और ठीक पाया गया
93. Chronological summary of the case is placed below
विषय/मामले का तिथिवार सारांश नीचे लगा है
94. Circulate and then file
परिचालित (सरक्यूलेट) कर फाइल करें

95. Confirm, please
पुष्टि करें
96. Consideration, under
विचाराधीन
97. Copy enclosed
प्रतिलिपि संलग्न
98. Copy forwarded for information and guidance/necessary action.
प्रतिलिपि आवश्यक कार्यवाही/मार्ग निर्देश एवं सूचनार्थ अग्रसारित
99. Delay is regretted
विलम्ब के लिए खेद है
100. No objection certificate
अनापत्ति प्रमाण-पत्र
101. Early orders are solicited
शीघ्र आदेश अपेक्षित हैं
102. Draft for approval
अनुमोदनार्थ प्रारूप/मसौदा
103. Error is regretted
त्रुटि/भूल के लिए खेद है
104. Ex-pedite action
शीघ्र कार्यवाही करें
105. Follow-up action may be taken
अनुवर्ती कार्यवाही की जाए
106. For recovery of dues
देयों/बकाया राशि की वसूली के लिए
107. For favourable action
अनुकूल कार्यवाही के लिए
108. For immediate compliance
तुरन्त अनुपालन हेतु
109. Following documents are under our possession
निम्नलिखित दस्तावेज हमारे पास हैं
110. For perusal
अवलोकनार्थ
111. For suggestion
सुझाव के लिए
112. Approved/for approval
अनुमोदित/अनुमोदनार्थ

113. As amended/as revised
यथा संशोधित/यथा पुनरीक्षित

114. As a matter of fact
वस्तुत:

115. As directed
यथा निर्देशित/आदेशानुसार

116. As discussed/as spoken
चर्चा के अनुसार

117. Concurrence has been obtained
सहमति प्राप्त कर ली गई है

118. Draft for consideration
विचार/अनुमोदनार्थ प्रारूप (मसौदा)

119. Draft please
मसौदा (प्रारूप) प्रस्तुत करें

120. I agree
मैं सहमत हूँ

121. I have no objection
मुझे कोई आपत्ति नहीं है

122. I would like to see the papers/please put up papers.
सम्बन्धित कागज प्रस्तुत करें।

123. Please speak/discuss
कृपया चर्चा/बात करें

124. As suggested
सुझाव के अनुसार

125. Please issue today
आज ही जारी करें।

126. Please call for a report
रिपोर्ट मँगाएँ/रिपोर्ट के लिए लिखें

127. Report/papers may be awaited
रिपोर्ट/कागज-पत्रों की प्रतीक्षा की जाए

128. I would like to reply
मैं उत्तर देना चाहूँगा

129. Let me have a revised draft as discussed
चर्चा के अनुसार संशोधित मसौदा प्रस्तुत करें

130. Please deal with it/take action
कृपया इस पर कार्यवाही करें

131. This may be concurred
इस पर सहमति दी जाए।

132. Issue reminder urgently
अनुस्मारक तुरन्त भेजें।

133. No action on our part seems to be called for
इस पर हमारी ओर से कोई कार्यवाही करना अपेक्षित नहीं है। हमें इस पर कोई कार्यवाही नहीं करनी है।

134. The proposal is self explanatory.
प्रस्ताव स्वत: स्पष्ट है।

135. In the meeting the following decisions were taken.
बैठक में निम्नांकित निर्णय लिए गए।

136. We have no remarks/further comments to offer.
हमें प्रस्ताव पर न कोई टिप्पणी करनी है और न कुछ और कहना है।

137. Seen and returned with thanks.
देखकर सधन्यवाद वापस किया जाता है।

138. Delay in returning the file is regretted.
फाइल लौटाने में विलम्ब के लिए खेद है।

139. Submitted for orders
आदेशार्थ प्रस्तुत

140. We agree with 'A' above
हम ऊपर 'क' से सहमत हैं

141. The following two T.D.C. approved parties may be added to the list.
टी० डी० सी० द्वारा अनुमोदित निम्नांकित दोनों पार्टियां भी सूची में सम्मिलित कर ली जाएं।

142. The abovementioned clarifications may please be sought from the parties
उपर्युक्त स्पष्टीकरण पार्टियों से मांग लिए जाएं।

143. P.O. for concurrence & signature please
क्रय आदेश, वित्त सहमति व हस्ताक्षर हेतु प्रस्तुत

144. Please ask the party to submit the drawing with correct material.
कृपया पार्टी से सही सामग्री के साथ ड्राइंग प्रस्तुत करने के लिए कहें।

145. Take action accordingly for recommendation.
संस्तुति हेतु तदनुसार कार्यवाही करें।

146. Please raise purchase order immediately.
क्रय आदेश, अविलम्ब जारी करें।

147. Proposal as above may please be concurred by 'F' for the kind approval of D.G.M.
उपर्युक्त प्रस्ताव उप महा प्रबन्धक के अनुमोदनार्थ वित्त विभाग द्वारा परीक्षित किया जाए।

148. Party may please be asked to reduce the delivery time.
पार्टी को सुपुर्दगी समय कम करने के लिए कहा जाए।

149. Offers of all the parties have been scrutinized & comments of each the parties are attached on separate sheet.
सभी पार्टियों के प्रस्तावों की समीक्षा कर ली गई है और प्रत्येक पार्टी के प्रस्ताव अलग शीट पर सलग्न हैं।

150. Technically acceptable
तकनीकी दृष्टि से स्वीकार्य

151. After clarification tech. suitability is reviewed as per comments on attached sheet.
स्पष्टीकरण के बाद, संलग्न शीट पर अंकित सुझावों के अनुसार तकनीकी ग्राह्यता पर पुर्नविचार किया जाए।

152. Please compare with our specifications & suggest.
कृपया अपने विनिर्देशों से मिलान करके सुझाव दें।

153. It is not clear from party's letter about our additional liability.
पार्टी के पत्र से हमारी अतिरिक्त जिम्मेदारी स्पष्ट नहीं होती।

154. Please adjust accordingly
तदनुसार समायोजित करें

155. Please refer the enclosed annexure
कृपया संलग्न अनुलग्नक को देखें

156. Discussed with D.G.M. (G).
उप महा प्रबन्धक (सामान्य) के साथ विचार-विमर्श किया/चर्चा की।

157. Please note and circulated to all concerned.
नोट करें तथा सभी सम्बन्धितों में परिचालित करें।

158. Seen, thanks
देख लिया, धन्यवाद

159. Please put up the letter.
पत्र प्रस्तुत करें

160. May kindly peruse the above note.
कृपया उपर्युक्त नोट का अनुगमन (पैरवी) करें।

161. Please, check & put up with papers.
चैक करके सम्बन्धित कागजातों सहित प्रस्तुत करें।

162. May kindly see before issue.
जारी करने से पहले देख लें।

163. Let us write to the party & wait for reply.
पार्टी को लिख दें और उत्तर की प्रतीक्षा करें।

164. We may debit to Miscellaneous Expenses.
हम इसे प्रकीर्ण व्ययों को नामे कर सकते हैं।

165. G.M. may kindly approved write off these petty ammo-unts.
महा प्रबन्धक कृपया इस खुद राशियों की स्वीकृत दूर करे।

166. Please check & compare this.
चैक करके मिलान करें।

167. Please, send a copy of this letter.
इस पत्र की प्रति भेजें।

168. Please, link & put up.
सन्दर्भ सहित प्रस्तुत करें।

169. Original letter attached with note.
नोट के साथ मूल पत्र संलग्न है।

170. Please collect the information & send to H.O.
सूचना एकत्रित करके मुख्यालय को भेजें।

171. Please, prepare the required information urgently.
वांछित सूचना शीघ्र तैयार करें।

172. Please, handover all the papers.
समस्त कागजातों को सुपुर्द करें।

173. Personally handed over.
व्यक्तिगत रूप से दिया/सुपर्द किया।

174. We have already despatched the cheque.
हम चैक पहले ही भेज चुके हैं।

175. Original copy sent by hand.
मूल प्रति दस्ती भेजी जाए।

176. Concern statement is as per flag "A"
संबंधित विवरण संकेत "अ" के अनुसार।

177. Pleare make a separate note for approval.
अनुमोदनार्थ एक अलग टिप्पणी बनाएं ।

178. Action as proposed may be taken.
यथा प्रस्तावित कार्यवाही की जाए ।

179. Action at once please.
तुरन्त कार्यवाही करें ।

180. Action has already been taken in the matter.
इस मामले में कार्यवाही पहले ही की जा चुकी है !

181. Administrative approval may be obtained.
प्रशासनिक अनुमोदन प्राप्त किया जाए ।

182. Advise accordingly.
तदनुसार सूचित करें ।

183. Ask explanation of the employee concerned.
संबंधित कर्मचारी से स्पष्टीकरण माँगा जाए ।

184. The rules will be strictly adheredto.
नियमों का कड़ाई से पालन किया जाएगा ।

185. Competent authority's sanction is necessary.
सक्षम अधिकारी की स्वीकृति आवश्यक है ।

186. Please find enclosed herewith the requisite statement in duplicate.
इस पत्र के साथ वांछित विवरण दो प्रतियों में संलग्न है ।

187. Placed below is a letter received from Head Office.
नीचे लगा पत्र/संलग्न पत्र मुख्यालय से प्राप्त हुआ है ।

188. Advise telegraphically.
तार द्वारा सूचित करें ।